AMY, AMY, AMY
A HISTÓRIA DE
AMY WINEHOUSE

Nick Johnstone

AMY, AMY, AMY
A HISTÓRIA DE
AMY WINEHOUSE

Tradução:
Marcos Malvezzi

MADRAS®

Publicado originalmente em inglês sob o título *Amy, Amy, Amy – The Amy Winehouse History*, pela Omnibus Press.
© 2008, Omnibus Press.
Direitos de edição e tradução para todos os países de língua portuguesa (exceto Portugal).
Tradução autorizada do inglês.
© 2010, Madras Editora Ltda.

Editor:
Wagner Veneziani Costa

Produção e Capa:
Equipe Técnica Madras

Tradução:
Marcos Malvezzi

Revisão da Tradução:
Soraya B. Freitas

Revisão:
Arlete Genari

Dados Internacionais de Catalogação na Publicação (CIP)
(Câmara Brasileira do Livro, SP, Brasil)

Johnstone, Nick
Amy, Amy, Amy: a história de Amy Winehouse/Nick Johnstone; tradução Marcos Malvezzi. – São Paulo: Madras, 2010.
Título original: Amy, Amy, Amy: the Amy Winehouse History.

ISBN 978-85-370-0648-1

1. Cantoras – Inglaterra 2. Winehouse, Amy
I. Título.

10-12883   CDD-780.092

Índices para catálogo sistemático:
1. Cantoras inglesas: Biografia 780.092

É proibida a reprodução total ou parcial desta obra, de qualquer forma ou por qualquer meio eletrônico, mecânico, inclusive por meio de processos xerográficos, incluindo ainda o uso da internet, sem a permissão expressa da Madras Editora, na pessoa de seu editor (Lei nº 9.610, de 19.2.98).

Todos os direitos desta edição, em língua portuguesa, reservados pela

MADRAS EDITORA LTDA.
Rua Paulo Gonçalves, 88 — Santana
CEP: 02403-020 — São Paulo/SP
Caixa Postal: 12183 — CEP: 02013-970
Tel.: (11) 2281-5555 — Fax: (11) 2959-3090
www.madras.com.br

Índice

Nota do autor..7
Introdução 9

Capítulo 1 – God Bless The Child – Deus abençoe a menina 13
Capítulo 2 – Wild Is The Wind – Selvagem é o vento 23
Capítulo 3 – I Put A Spell On You – Enfeiticei você 33
Capítulo 4 – Frank 41
Capítulo 5 – Made You Look – Fiz você olhar......................................47
Capítulo 6 – Love Me Or Leave Me – Ame-me ou deixe-me...................61
Capítulo 7 – Back To Black 73
Capítulo 8 – Straight To The Top – Direto ao topo 79
Capítulo 9 – This Year's Kisses – Os beijos deste ano 91
Capítulo 10 – Girl At Her Volcano – Garota em perigo iminente............101

Posfácio..119
Discografia 123

Nota do autor

Amy Winehouse foi convidada a participar desta narrativa de sua história, mas não respondeu ao convite, o que torna este livro uma versão não autorizada de sua carreira e vida até hoje. Foram solicitadas também entrevistas com Darcus Beese, Raye Cosbert, Nick Godwin e Nick Shymansky, mas nenhum deles aceitou ou respondeu. Quero, portanto, agradecer aos muitos que ofereceram ajuda com pesquisa ou divulgaram informações ou detalhes.

Introdução

É dezembro de 2007 e a foto é chocante, como tantas outras de Amy Winehouse daquele ano. Tirada aparentemente às 5h40 da manhã do domingo 2 de dezembro, do lado de fora de uma residência em Bow, a leste de Londres, mostra Amy na rua. Dias antes, numa tempestade de mídia, ela abandonara uma apresentação em Brighton, em sua turnê pelo Reino Unido. Os demais shows foram cancelados, ao que tudo indicava, por ordem médica. Nessa foto, no escuro e no frio, Amy está de pé, na rua, descalça, usando apenas um par de jeans e um sutiã vermelho. O aplique inspirado em Ronnie Spector, que até então ela usava para a divulgação do álbum *Back to Black*, está caído, seus longos cabelos correm soltos e naturais. Sobre o coração uma tatuagem com os dizeres "Blake's pocket" [Dominada por Blake], em referência a Blake Fielder-Civil, marido de Amy, encarcerado, aguardando julgamento na época em que a foto foi tirada. À direita do umbigo exposto, outra tatuagem, de uma âncora, sobre a qual se lê um clichê: "Hello Sailor", ou "Olá, Marujo". Um lembrete de que a mulher na foto tem um senso de humor maroto, apesar do rosto marcado de dor e sofrimento emocional, assim como já aparecera em muitas imagens recentes. Emaranhado na alça do sutiã, um crucifixo (estranho para uma jovem judia) pende de um colar que parece um rosário, do tipo que se vende em lojas de presentes católicas ou em liquidação na Top Shop, na rua Oxford. Os pés descalços, com as unhas pintadas de vermelho, pisam no chão gelado. A calcinha preta com uma bolinha branca se insinua na linha da cintura, acima dos jeans.

Em um ano em que fotos de Amy Winehouse em diversos estados, formas, aparências e imagens dominam a mídia, é incrível como cada nova imagem supera a anterior. Isso porque cada imagem oferece uma pista diferente daquilo que se tornou um jogo de adivinhação para milhões de pessoas. É um jogo que gira em torno de uma pergunta central: qual é o problema de Amy Winehouse? Considere os fatos: uma cantora, compositora, musicista e artista talentosíssima, com 24 anos de idade, no topo. Neste mundo precário e transitório da música popular, ela termina o ano de 2007 provavelmente como a artista mais importante na indústria musical da atualidade.

Mas veja o drama do ano: apresentações erráticas, turnês canceladas antes de sequer começar ou no meio do caminho, entrevistas bêbada na TV, overdose de drogas, pais dando entrevistas singelas bem ao estilo de mamãe e papai, um casamento frenético com um homem que acabou o ano na prisão, acusado de obstrução da justiça, parentes do marido dando entrevistas, rumores de autoflagelo, depressão e bulimia, aquelas fotos das sapatilhas de balé manchadas de sangue na noite da briga com Blake no Hotel Sanderson, região central de Londres, escrevendo "I Love Blake" no abdômen com um pedaço de um espelho quebrado durante uma sessão de fotos para a revista *Spin*, a especulação dos tabloides em torno da possibilidade do *single* de supersucesso "Rehab", do álbum *Back To Black*, seria dolorosamente profético.

Como foi que todo esse material sórdido roubou o foco da música maravilhosa e arrepiante? De certa forma, é uma tragédia para a música que uma artista tão talentosa como Amy Winehouse tenha se perdido tanto, em meio à nossa paixão pela celebridade. Em nossa cultura, buscamos constantemente as mais recentes novidades envolvendo as celebridades – o que vestem, o que dizem, em que estão trabalhando, com quem vão para a cama, que drogas tomam, que drogas não tomam, se estão por cima ou por baixo. Somos obcecados. Foi assim que Amy Winehouse, a pessoa, se tornou maior que sua música.

A voz de Amy é estonteante. Quem a ouve antes de saber qualquer coisa a respeito dela não acredita que é a voz de uma cantora branca. Todos supõem se tratar de uma cantora negra, americana, de jazz: tom de jazz e blues, com um pouco de rhythm & blues e uma inclinação ao hip hop. Qualquer um se espanta quando descobre que Amy Winehouse é uma mulher pequena, branca, judia, natural do norte de Londres. Como uma jovem de 24 anos tem a voz de uma mulher de 56? Como uma pessoa tão jovem passa a noção de uma vida tão vivida? Claro que ela é completa: uma artista com todo o conflito interno e a turbulência que vem com o pacote. Bille Holiday era assim. Elvis também. Janis Joplin. Kurt Cobain. James Brown. Bob Dylan ainda é, assim como Keith Richards e Lou Reed. Com certeza, Amy Winehouse é assim. Se não fosse, como suas quedas inspirariam tal magia musical? Como seus períodos estéreis como compositora poderiam ser seguidos de um fulgor hiperprodutivo, atravessando mesmo os momentos mais sombrios de uma crise pessoal? Não fosse assim, como se explicariam a arrogante bebedeira, o onipresente cigarro e todo o tão apregoado abuso de drogas? Como explicar a mudança drástica em sua aparência e seu corpo entre o álbum de estreia, *Frank*, lançado em outubro de 2003 e *Back To Black*, chegando às lojas em 2006? Mesmo numa época em que as dietas hollywoodianas imperam, a dramática perda de peso de Amy dificilmente seria vista como saudável. Como explicar suas apresentações ao vivo desencontradas? Um show deslumbra o público com sua exuberância, irreverência e paixão enquanto o seguinte choca a plateia com sua falta de forma e foco, uma ausência fundamental de emoção e a inabilidade de Amy para se sintonizar com a banda, com as músicas, com o momento. Como explicar uma canção como "Rehab", que passa uma explosão pop retrô dos anos 60 boa e agradável, mas aborda ao mesmo tempo, na opinião de muitos, uma questão de vida e morte?

Em suma, Amy Winehouse é uma artista completa, genuína, exposta pelos holofotes em uma parte específica do mundo (Ocidente), no momento em que as atividades e os dramas das celebridades despertam grande interesse. Portanto, como teria acontecido com Billie Holiday ou Hank Williams se estivessem em destaque hoje, a vida pessoal de Amy é sangue para os tubarões. Ao lançar músicas provocando a mídia obcecada por celebridades e não totalmente lúgubres, como "Rehab", ela logo despertou um fascínio por sua vida particular, que desde então gerou um efeito espiral medonho que se tornaria uma busca diária pela verdade. Os câmeras e repórteres perguntam: Qual é a verdade de Amy Winehouse? Ela realmente usa cocaína, heroína e crack? Pratica mesmo autoflagelo? É uma pessoa depressiva? É feliz por ter tanto sucesso? Sente-se amargurada por ter tanto sucesso? Ela e Blake querem mesmo se mudar para Miami e ter muitos filhos? Ainda é uma mulher arrasada pela separação de seus pais quando tinha 9 anos? Vai largar a música cedo ou tarde? Será que seus fãs tolerararão a falta de shows ou os cancelamentos, ou acabarão se sentindo desapontados, direcionando a adoração para outro lugar? Ela precisará de tratamento, *rehab*, ou tem controle da própria vida, apesar das matérias que lemos diariamente nos tabloides? Na busca da mídia pelo primeiro lugar entre aqueles que revelam a verdade da vida de Amy, nós, as massas obcecadas por celebridades, tornamo-nos parte da caçada. Lemos jornais e revistas, acompanhamos o drama, espantamo-nos com as mais recentes fotos. Tornamo-nos, enfim, parte desse gigantesco jogo de adivinhação: Qual é o problema de Amy Winehouse?

Antes de qualquer coisa, porém, é a questão da música. Temos aqui uma jovem que cresceu achando que nada havia de excepcional em sua incrível voz melodiosa, nem em seu desejo de cantar, de se apresentar e entreter. Quando ela começou a compartilhar sua voz com o público, as coisas aconteceram rápido demais e foi tudo surpreendentemente fácil em uma indústria conhecida por seu potencial de derrubar. Aos 20 anos, ela já tinha um grande contrato de gravação, um acordo de publicação e um álbum de estreia aclamado pela crítica. Mais espantoso ainda: a moça de 20 anos cantava como uma mulher de 40, como Billie Holiday e Nina Simone fazendo dueto no tempo e na história da música com Lauryn Hill e Erykah Badu. A jovem de 20 só queria cantar. Não sabia que logo teria uma verdadeira colmeia gigante de fãs, usaria dezenas de tatuagens e uma aliança de casamento, além de conseguir a rara proeza de se tornar uma artista britânica capaz de agitar o importantíssimo e ferino mercado americano. Tornou-se Amy Winehouse, a mulher em meio à tempestade da mídia; Amy Winehouse, o visual; Amy Winehouse, o ímã de polêmicas; Amy Winehouse, a voz; Amy Winehouse, a sensação pop transatlântica, quando talvez lá no fundo uma pequena parte dela só queria ser Amy Winehouse, a artista de jazz incrivelmente talentosa, cantando até não poder mais em um salão esfumaçado de Ronnie Scott, Soho, Londres.

Capítulo 1

God Bless The Child
Deus abençoe a menina

Ao descer na célebre estação circular de Southgate, do metrô de Londres, você sai de um túnel do tempo. Os muros de tijolos ficaram manchados pela poluição e os usuários aflitos vêm e vão na hora do *rush*. Você vê uma floricultura, uma lavanderia, um restaurante indiano. Há também uma estante de plástico azul com exemplares do jornal semanal gratuito, o *The Jewish News*. É o norte de Londres, o coração da Londres judaica. Na banca de jornais logo à entrada/saída da estação, o jornal *The Jewish Chronicle* se esgotou. Você para e olha para a estação. É um monumento, um lindo marco londrino. Desenhada por Charles Holden, foi inaugurada em 1933 com todos os toques de *Art Deco/Streamline Moderne* da época. A estação tem um visual meio de ficção científica, como uma espaçonave de um episódio de *Além da imaginação*. Hoje em dia, por causa de seus supremos méritos arquitetônicos, é uma construção listada em Nível II.

A única coisa rápida na Southgate é o ritmo do trânsito nas proximidades. A trilha sonora é de motoristas agitados forçando as engrenagens e os freios. Se virar à esquerda e caminhar pelo Chase Side, verá a distinta paisagem varejista da típica rua principal britânica suburbana, com suas lojas todas abrigadas sob o toldo do complexo "Southgate Shopping Centre" no bairro londrino de Enfield. Uma loja de bebidas, um bar de tapas, um Wimpy, uma delicatessen, uma agência do banco NatWest, um bazar para uma instituição de caridade, uma papelaria, uma loja de roupas baratas, um restaurante de comida italiana/indiana, um onipresente McDonald's, uma agência do Barclay's Bank, um supermercado Costcutters, uma ótica, uma kebaberia, um consultório de medicina chinesa, uma floricultura, uma casa lotérica, um consultório de dentista, etc.

Do lado de fora das lojas de conveniência, há pilhas de abacates, mamões, laranjas, maçãs, tomates, cebolas. Dentro delas, prateleiras repletas de chocolate e chicletes; geladeiras lotadas de refrigerantes. Nos estandes de revistas, os jornais nacionais do dia, os jornais locais da semana, revistas de todos os tipos que abordam tudo quanto é assunto. O dia é terça-feira, 12 de agosto de 2007, e todos os jornais destacam a história da menina de Southgate que virou uma celebridade. Está a um passo do estrelato internacional e já é oficialmente uma estrela em casa, tanto por sua vida calamitosa quanto por sua música. A garota, claro, é Amy Winehouse, criada aqui em Southgate, que foi, originalmente, o Portão Sul (*South Gate*) dos campos de caça do rei, a área de Enfield Chase. Tornando-se independente de Edmond em 1881, o bairro começou a crescer sozinho após a inauguração da estação de Palmer's Green, nas proximidades, desencadeando uma explosão populacional. Em 1933, quando a Estrada Circular Norte foi completada, ela atravessou Southgate, ligando o bairro londrino emergente com o centro da cidade. Naquele mesmo ano, quando a Piccadilly Line se estendia para fora da região, a estação de Southgate foi inaugurada. Esses avanços levaram a uma explosão do mercado imobiliário, com a construção de incessantes casas geminadas.

Ainda no Chase Side, a expansão suburbana continua. Você passa por agências imobiliárias, prédios comerciais desbotados, a delegacia de Southgate, uma padaria, uma agência dos correios, o Southgate Club Ltd (só para membros), uma loja com produtos de 1 libra, vários *pubs*, um bazar com uma biografia bastante folheada da Princesa Diana em destaque na vitrine, um posto de combustível BP e, por fim, saindo da rua principal, um grande supermercado Asda. Subindo um pouco mais, você vê duas casas com o pôster oficial da Seleção de Futebol da Inglaterra na janela. Há uma carcaça de carro na beira da grama com os pneus murchos, um ponto de ônibus pichado. Dois carros passam rápido, ensurdecendo a vizinhança com hip hop. Amy Winehouse cresceu aqui. Seu pai, Mitchel, na época com 34 anos, mais conhecido como Mitch Winehouse, era vendedor de vidros especiais para janelas e portas. Sua mãe, Janes, 28, técnica em farmácia, formou-se em ciências pela Universidade Aberta, e ia estudar na Escola de Farmácia de Londres. O casal morava em um pequeno apartamento com dois dormitórios quando Amy nasceu e depois se mudou para uma típica casa geminada dos anos 30 em Southgate. Amy não era a mais velha das crianças. Eles tinham um menino, Alex, nascido quatro anos antes, em 1979, quando Mitch tinha 31 anos e Janis 25.

Sua única filha, Amy Jade Winehouse, nasceu no hospital Chase Farm, em Enfield, em 14 de setembro de 1983. Segundo dados de 2006, o hospital atende mais de 500 mil pacientes por ano. Esse hospital geral distrital fica na zona norte de Enfield, na Ridgeway. Alguns dos edifícios do hospital remontam ao século XIX, enquanto outros foram construídos depois . Na década de 1970, por exemplo, antes de Amy nascer, construíram um edifício que desde então e até hoje abriga os serviços de atendimento a crianças e maternidade.

Em entrevista ao *The Daily Mail* em 2007, Janis disse que, quando criança,

"Amy era linda – sempre agitada, sempre curiosa. Era sempre muito xereta, mas também muito tímida. Nunca foi uma criança fácil".

Janis também mencionou que Amy, mesmo quando criança, vivia se arranhando toda. "Quando era pequena, ainda na caminha, ela engasgou com um pedaço de celofane. Em outra ocasião, sumiu no parque. Ela é durona, como eu, vejo isso como um presente meu para ela".

Aos 4 anos, Amy começou a frequentar a Escola Primária Osidge, no distrito de Barnet. A escola, que hoje requer dupla admissão, ainda é de ensino primário e fica em Chase Side, Southgate. O ano acadêmico, de setembro a agosto, começa quando a criança completa 5 anos, quando pode ser matriculada e lá ela estuda até os 11 anos de idade, quando então é transferida para uma das escolas secundárias mantidas pelo Estado, ou para uma escola particular. O número máximo de alunos por sala é 30. A escola Osidge, muito procurada, com uma lista de espera com crianças desde os 3 anos de idade, tem crianças de diversas religiões e uma abordagem ecumênica na aula de Educação Religiosa. Há também no currículo uma forte ênfase em educação musical. De acordo com um relatório de 2006, ela tinha naquela época 419 alunos de ambos os sexos. Muitos se formam em Osidge com 11 anos e vão para a Escola Secundária Ashmole, em Cecil Road, também Southgate.

Foi na Osidge que Amy fez amizade com a colega cantora/compositora Juliette Ashby, como Amy contou ao *The Observer*, em 2007: "Nós nos conhecemos na Osidge quando tínhamos uns 4 anos. Uma de minhas mais antigas lembranças é de que brincávamos de Pepsi – a Juliette – e Shirley – eu, como *backing girls* do Wham! Acho que nos demos bem porque nós duas éramos um pouco diferentes das outras". Ashby disse ao *The Observer* que as duas viviam se metendo em encrenca: "Eu provocava Amy um pouco mais, porque ela era mais destemida. Uma de nossas manias era combinar que uma das duas sairia da sala de aula chorando e a outra iria atrás para consolá-la. Depois sentávamos em alguma sala, em algum lugar, rindo até o fim da aula".

Ashby também relatou ao jornal como era ser amiga de Amy: "Amy era do tipo que sempre dava um jeito de deixar as amigas ligadas nela. Um dia fiz um broche de amizade para ela e ela o jogou na areia".

Para Amy, a amizade também teve seus altos e baixos. "Era ela quem mandava. Juliette levava cadarços com cheiro de morango na mochila e a pessoa sabia que era a escolhida do dia quando ela lhe dava um".

As duas meninas tinham em comum também o fato de ter um irmão mais velho: Alex, quatro anos mais velho que Amy; e Jessica, três anos mais velha que Juliette. Seu pai, Jonathan Ashby, era o fundador da WENN, *World Entertainment News Network* [Rede de Notícias e Entretenimento Mundial]. Juliette e Amy são amigas até hoje. "Pois é, meus melhores amigos são do tempo da escola", disse Amy à *Interview* em agosto de 2007. "Mas passo o tempo todo com meu marido". A vida familiar, em casa, não girava especificamente em torno dos aspectos religiosos do judaísmo, mas havia um forte senso de identidade cultural judaica. Por exemplo, Amy ia às aulas de *Cheder* todos os domingos (nas quais aprendia os elementos básicos do judaísmo e da língua hebraica). Não que gostasse delas.

"Toda semana eu dizia, 'não quero ir, papai, por favor, não me obrigue a ir'", ela contou ao *Totally Jewish*, em 2005. "Ele era tão bonzinho que me deixava faltar. Quando eu ia, não aprendia nada sobre ser judia mesmo".

Embora ela e a família fossem à sinagoga no Yom Kippur, ser judeu para Amy significava família. "Ser judia era estarmos juntos como família. Não aquela coisa de acender velas e recitar brachá".

Ela foi mais específica na revista *Interview*, quando disse: "Não fomos criados na religião. Sou apenas uma garota de família. Venho de uma família grande. Acho que é importante estar perto dela. Aliás, faz uma semana que não falo com meus pais. Mas tenho muita sorte por ter os dois por perto".

A música sempre foi importante, enquanto ela crescia. Janis se lembra de Mitch sempre cantando para os filhos e encorajando o interesse deles pela música.

"Mitch e Amy eram muito chegados", ela disse ao *The Daily Mail* em 2007. "Ele vivia cantando músicas de Sinatra para ela e como ele cantava sempre, ela também cantava, mesmo na escola. Seus professores tinham de mandá-la parar durante a aula".

O jazz fazia parte da árvore genealógica. O tio de Amy, Leon, era trompetista profissional e sua avó paterna, Cynthie, fora noiva de Ronnie Scott, o saxofonista que fundou o clube de jazz de Soho, Londres, hoje internacionalmente famoso. Amy disse ao *The Sunday Herald* em 2007: "Ela era tão linda. Sempre digo que se Frank Sinatra tivesse visto minha vó antes de Ava Gardner, eu viveria na realeza".

Enquanto Mitch sempre tocava os sucessos de jazz em casa e no carro, Janis preferia compositores como Carole King e James Taylor. Amy diz que costumava ouvir Carole King no carro de sua mãe.

A família mudara-se para uma casa vitoriana com três dormitórios na Osidge Lane, ainda em Southgate. Uma rua residencial, arborizada, cinco minutos a pé subindo a colina a partir de Asda, é tranquila, com árvores dos dois lados. As casas são agradáveis e espaçosas. Amy estava em uma fase de obsessão por Michael Jackson. Posteriormente, ela diria que não tinha certeza se queria ser ele ou se casar com ele.

Quando tinha 9 anos, seus pais se separaram. Pouco se fala disso. Janis deu poucas pistas do motivo da separação na entrevista para o *The Daily Mail* em 2007: "Nós nunca brigamos. Ele era vendedor, por isso ficava muito tempo fora. Mas por muito tempo, também, houve outra mulher, Jane, que se tornou sua segunda esposa. Acho que Mitch bem que gostaria de ficar com as duas, mas não era o que eu queria".

Amy tinha 10 anos quando Mitch e Janis seguiram caminhos separados. Ela e o irmão foram morar com a mãe em East Finchley. A mãe de Janis ajudava-a sempre a criar os filhos, enquanto Janis trabalhava como técnica de farmácia. Amy comentou: "Viver em East Finchley era legal". Assim como Southgate, East Finchley, no distrito vizinho de Barnet, é um bairro na zona norte de Londres que se desenvolveu no século XIX com a construção da estação vitoriana de East End, Finchley, em 1867. Ela foi derrubada e substituída pela atual estação de metrô de East Finchley, em 1939. Como a estação de Southgate, ela foi desenhada em estilo *Art Deco/Streamline Moderne* por Charles Holden. Hoje ela é conhecida tanto pelo visual icônico de Holden quanto pela estátua de Eric Aumonier de um arqueiro apontando o arco para os trilhos na direção do centro de Londres.

Ao sair da estação de East Finchley hoje, assim como da Southgate, você encontra uma grande variedade de lojas, restaurantes e casas típicas do norte suburbano de Londres. Um *outdoor* anunciando o *The Jewish Chronicle* é um lembrete de que você está numa parte tipicamente judaica do norte da cidade. Durante a caminhada você passa por um ponto de minitáxi, um café, uma banca de jornais, lojas de utensílios domésticos, lojas de conveniência, um *pub*, uma farmácia, uma lavanderia a seco, o cine Phoenix, uma floricultura, uma loja de bebidas, um salão de manicure, uma lavanderia, uma casa lotérica, o teatro Finchley Youth, e assim por diante. A exibição de lojas e restaurantes continua por mais uma curta distância até se mesclar com ruas residenciais.

Naquela época, Amy tinha trocado Michael Jackson por Madonna, conforme relatou ao periódico *Blender*, em 2007: "Escutava o disco *Immaculate Collection* da Madonna todos os dias, até mais ou menos os 11 anos. De repente, descobri Salt'N'Pepa e TLC".

Ela se identificava com as letras fortes, femininas e corajosas dos dois grupos. Era uma época em que Salt'N'Pepa, uma dupla de rap americana, lançava *singles* como "Let's Talk About Sex" e "Whatta Man". A franqueza das letras deve ter mexido com Amy. O Salt'N'Pepa cantava de maneira direta e sincera e falava dos homens sem rodeios.

"Meus primeiros modelos foram Salt'N'Pepa e Lisa 'Left Eye' Lopes", Amy relatou à revista *Interview* em 2007. "Eram mulheres de verdade que não tinham medo de falar dos homens, conseguiam o que queriam e falavam sobre as mulheres de quem elas não gostavam. Muito legal".

É particularmente interessante o fato de Amy ficar tão fascinada por Lisa 'Left Eye' Lopes. Mais conhecida como membro do trio americano de R & B, de enorme sucesso, TLC, Lisa ganhava mais manchetes por sua turbulenta vida pessoal do que por sua música. Ela chegou a ser presa em junho de 1994 após atear fogo na casa de US$ 2 milhões de seu namorado, o jogador Andre Rison, do Atlanta Falcons, após uma briga. Acusada de incêndio criminoso, teve de pagar uma multa de US$10.000 e ficou em liberdade condicional. Precisou também entrar em uma clínica de reabilitação para tratar de alcoolismo. Rumores sobre seu comportamento errático continuaram atém sua morte prematura em 2002 em um acidente de carro em Honduras. Ela tinha apenas 30 anos. Lopes fazia pouco das fofocas dizendo: "Há uma divisão muito tênue entre genialidade e insanidade. Sempre me rotularam como louca".

Quando Amy descobriu o TLC, o grupo promovia seu segundo álbum, *CrazySexyCool*, com os sucesso dos *singles* "Waterfalls" e "Creep", sendo o segundo um relato de uma mulher que ainda ama seu homem embora desconfie que ele a traia: o tipo de guerra de relacionamento que passou a ser marca registrada de Amy.

Com Juliette Ashby tão fascinada pelo Salt'N'Pepa e TLC quanto Amy, as duas formaram uma dupla de rap chamada Sweet'n'Sour. Posteriormente, Amy diria: "Tínhamos uma canção chamada 'Spinderella' que era ótima". Ela descrevia a dupla como "o pequeno Salt'N'Pepa branco judaico".

Com 11 anos Amy foi transferida da Escola Primária Osidge para a Escola Secundária Ashmole, com Juliette, cuja irmã mais velha, Jessica, já estudava lá. A escola, situada na Cecil Road, Southgate, a apenas uma quadra de distância da Osidge, recebe alunos a partir dos 11 anos e ministra um curso de seis anos até eles completarem 18.

Naquele mesmo ano, além de descobrir Salt'N'Pepa e TLC, Amy mergulhou fundo no jazz, conforme explicou ao *The Guardian* em 2004. "Desde os 11 anos, eu ouvia Ella Fitzgerald, que cantava com perfeição e de uma forma direta. Assim aprendi o que é sutileza. Ouvia pessoas como Sarah Vaughan usar a voz como um instrumento e isso me inspirava demais porque me fazia perceber que um sussurro pode ser tão eficaz quanto um grito".

Enquanto isso, Amy sentia falta de seu pai. A questão da separação tornou-se definitiva com o divórcio formal. Ela tinha, então, 12 anos. "As pessoas falam muito sobre a raiva nas músicas de Amy", sua mãe disse ao *The Daily Mail*. "Acho que tinha muito a ver com o fato de seu pai não estar mais ao lado dela".

Artista natural e entusiasmada, com participações em peças teatrais na escola e produções amadoras, Amy se inscreveu na "escola especializada em artes cênicas", Sylvia Young Theatre School, no centro de Londres. A escola, localizada em Rossmore Road, Marylebone, aceita alunos com 10 ou 11 anos de idade. O processo de admissão é rigoroso, como explica o *site* da escola: "Todos os candidatos devem passar por um teste prático, no qual participarão em grupo de uma aula de arte dramática, canto e dança". Após o primeiro teste, os relatórios da escola serão analisados e será feito então um novo teste/entrevista com questões de inglês e matemática, além de vários outros testes de atuação, canto e dança. A escola explica que, embora seja um curso de teatro, seus alunos devem se formar com uma educação sólida e ampla. O processo de admissão é incrivelmente concorrido e há poucas bolsas de estudo. Hoje, para os estudantes matriculados, as taxas para o sexto ano são de £2.150 por período. No sétimo, oitavo e nono anos, as mensalidades por período são de £2.900. Para o 10º e 11º anos, são de £3.000 por período.

Janis Winehouse conversou com o *The Daily Mail* sobre as circunstâncias que levaram sua filha a se matricular na Sylvia Young's, obtendo uma bolsa de estudos prestigiosa, o que a fez sair da Ashmole. "Mais ou menos na mesma época, minha sogra e eu levamos as crianças ao Chipre nas férias. Havia um concurso de talentos, e Amy queria muito participar. Ela entrou no concurso, e nós nos sentamos para ouvi-la. Foi então que eu soube que ela tinha algo realmente especial. Mas por mim ela teria continuado na escola da vizinhança como antes".

Em uma matéria no *The Daily Mail* em 2007, Sylvia Young mencionou o teste de Amy: "Foi incrível como ela me chamou a atenção, tanto como compositora quanto como artista, desde o primeiro momento em que chegou com 13 anos usando o mesmo tipo de penteado que tem hoje em dia. Suas habilidades a deixavam na mesma categoria de Judy Garland ou Ella Fitzgerald".

Quando ela ganhou a bolsa na primavera de 1997, começou seu período de três anos na Sylvia Young's. Logo no início, fez amizade com o cantor/compositor Tyler James. Outros estudantes da época eram Billie Piper e Matt Willis, futuro membro da banda Busted. A respeito do tempo que passou lá, Amy disse ao *The Independent* em 2004: "Eles pediam que cantássemos *Flashdance* e outras coisas de musicais, "Where Is Love", e coisas bobas assim. Mas sempre que tivesse uma canção de jazz ou algo sexy, com voz rouca, eles me davam um solo".

Apesar de adorar o lado artístico do programa escolar, Amy se arrastava nos estudos acadêmicos, com dificuldade para se concentrar. Não se interessava ou se fechava e tinha mau comportamento, conforme lembra Sylvia Young na matéria que escreveu para *The Daily Mail*: "Ela não usava o uniforme da escola corretamente. Mascava chiclete durante as aulas. Tinha um *piercing* prateado no nariz e, quando lhe pedi que tirasse, ela pediu desculpas, tirou e o colocou de volta, dali a uma hora. Não podia ignorar aquilo, mas encontramos uma forma de coexistência. Ela quebrava as regras, eu a repreendia, ela admitia o erro. Ela também atrapalhava na aula às vezes, mas era porque não se concentrava. Como eu disse, ela era inteligentíssima, tanto que decidimos adiantá-la um ano, na esperança de que ela se sentisse mais motivada. Apesar disso, estava sempre entediada, exceto nas aulas de inglês, que ela amava".

Enquanto isso, sinais de uma predisposição depressiva começavam a aparecer. Amy disse à *Rolling Stone* em 2007: "Acho que sofro de depressão. O que não é muito incomum. Muita gente sofre, sabia? Mas acho que como eu tinha um irmão mais velho, vivia dizendo esse tipo de coisa: 'Ah, a vida é tão deprimente', mesmo antes dos 12 anos. Era a época em que lia J. D. Salinger ou qualquer coisa que meu irmão lesse e me sentia frustrada".

Antes disso, aos 9 anos de idade, ela se machucou deliberadamente, um sintoma comum de depressão clínica. "É uma coisa engraçada, uma curiosidade mórbida", ela disse à revista *Q* em 2007: "Estou falando dos meus 9 anos. Como foi? Puxa, doeu demais. Deve ter sido a pior coisa que já fiz".

Certa noite, escondendo-se em seu quarto, sentindo-se angustiada, ela teve uma epifania ao se deitar na cama, melancólica. Ouviu uma música maravilhosa do outro lado da parede que lhe levantou o astral, dando-lhe consolo e uma referência. Seu irmão estava ouvindo "Round Midnight", um clássico do jazz. Amy ouviu, adorou e embarcou em uma viagem de descoberta de todos os grandes cantores e músicos de jazz. "Aprendi com Ella Fitzgerald, Sarah Vaughan e Dinah Washington", ela disse ao *The Independent* em 2004. "Elas foram as pessoas que mais me inspiraram enquanto eu desenvolvia minha voz. Foi o primeiro tipo de música, fora o hip hop, que me dizia alguma coisa e fazia uma conexão emocional comigo". Aos 14 anos seus estudos na Sylvia Young geraram frutos e Amy apareceu na TV pela primeira vez, no The Fast Show, interpretando uma personagem em um número intitulado "Peasblossom". O episódio (Terceira temporada, Episódio 2) foi ao ar pela primeira vez em 21 de novembro de 1997, e seu nome aparece nos créditos em imdb.com.

Além de sua paixão pela música, Amy também desenvolveu um grande interesse por cinema. Ela disse ao *The Independent*, em 2004, quais eram os tipos de filmes que via naquela época: "*It's A Wonderful Life*; *Um corpo que cai*, de Hitchcock; *Dirty Dancing – Ritmo louco*; *A um passo da eternidade*. Por que amo esses filmes? Quanto tempo vocês têm para eu explicar?

Se pudesse, eu estudaria cinema. Poderia escrever um ensaio sobre eles".

Musicalmente, ela estava entrando no hip hop e no R & B (Rhythm & Blues) em grande estilo. Em 1997, o álbum de estreia de uma artista americana nova lhe chamou a atenção de um modo especial. *Baduizm*, de Erykah Badu, seria ainda uma influência definitiva na sonoridade do álbum *Frank*, estreia de Amy, a ser lançado logo. Misto de soul urbano, jazz e R&B, o álbum gerou muitas comparações com o fantasma de Billie Holiday. O álbum de estreia de Amy visaria, com certeza, um espaço semelhante na música, algo entre a música americana negra urbana, contemporânea e os cenários lendários do jazz.

No ano seguinte, em 1998, outro álbum americano chamou a atenção de Amy, deixando-a hipnotizada: *Mos Def & Talib Kweli Are Black Star*, dos rappers Mos Def e Talib Kweli. Vários artigos sobre Winehouse também mencionam um "namorado com um gosto forte por reggae", que lhe apresentou o ritmo durante aquele período de sua vida abrindo a porta para tal influência, que fez parte do som eclético de *Frank*.

Depois disso, no mesmo ano, a mãe de Amy recebeu um telefonema da escola Sylvia Young's convocando-a para uma reunião a respeito de sua filha. Em uma entrevista para o *The Daily Mail* em 2007, Janis revelou o que aconteceu. "O diretor me ligou e disse que queria conversar comigo. Ele disse: "Acho que a senhora deve tirar sua filha daqui". Ele não queria crianças que não pudessem ter boas notas, e Amy não ia ter. Ela era brilhante, mas bagunçava demais. No mesmo dia tive de levar nosso gato ao veterinário. Deixei o gato lá, fui à escola e voltei ao consultório. Tivemos de sacrificar o gato. Brinco que deveríamos ter sacrificado Amy e investido no gato".

Sylvia Young, por sua vez, em um artigo para o *The Daily Mail* em 2007, negou que a escola tenha expulsado Amy. Ela explicou que o diretor acadêmico da época telefonara para a mãe de Amy informando que ela não passaria nos testes porque se distraía muito facilmente. "O resultado da conversa foi que a mãe de Amy resolveu mandá-la para outra escola. Fiquei muito triste com isso, e o professor que lhe havia telefonado saiu da escola pouco tempo depois".

Apesar da ruptura, Sylvia Young manteve o contato com Amy. "Não queria me afastar dela e mantive contato, talvez para surpresa dela, uma vez que não concordávamos quanto às regras. Quando ela completou 16 anos, arrumei para Amy um teste com a National Youth Jazz Orchestra. Posteriormente, ela foi vista pelo empresário de música pop, Simon Fuller, apresentando-se com a Orquestra. Fuller era o homem por trás do sucesso das Spice Girls".

No momento, porém, Amy se sentia arrasada por ter sido tirada da Sylvia Young's. Ela comenta que chorava todas as noites e só encontrava conforto na música de Ray Charles. Enquanto seus pais procuravam outra escola, Amy passou a maior parte do ano seguinte ouvindo as músicas dele obsessivamente, além das costumeiras paixões do hip hop e R&B.

Os pais de Amy acabaram por escolher a escola The Mount, em Mill Hill, uma escola de período diurno, independente, para meninas de 4 a 18 anos. Hoje, a escola fica em Milespit Hill e tem cerca de 400 alunas, aproximadamente 100 entre 4 e 11 anos e 300 de 11 a 18.. Foi fundada em 1925, em Highgate, por Mary McGregor, e dez anos depois mudou para seu *campus* atual em Mill Hill. O lema da escola é: *Esse quam videre* ["ser em vez de parecer"]. A escola não é ligada a nenhum tipo de religião e aceita alunas de todas as religiões, uma questão importante para os Winehouses judeus. Se Amy tivesse 13 anos hoje, a taxa por período seria de £3.175. A escola oferece aulas de música com oportunidades de aprender piano, flauta, saxofone, violino e violão. Para todas essas aulas são cobradas taxas extras por período.

Amy não gostava muito da The Mount e passou um ano infeliz lá. Formou-se em 1996 com 16 anos e cinco certificados. Reza a lenda que ela não teve empregos muito duradouros: em uma loja de *piercings*, em um salão de tatuagem e em uma loja de roupas antes de ingressar em outra escola de artes cênicas, dessa vez a BRIT Performing Arts & Technology, em Croydon, que não cobra taxa alguma dos alunos. Os estudantes da BRIT entram com 14 ou 16 anos de idade. A escola se autodenomina "A única escola gratuita de artes cênicas e tecnologia da Grã-Bretanha". Amy ficou lá um ano, quando desistiu do curso. Adrian Parker, diretor do departamento de Teatro Musical, disse ao *The Independent*, em 2007, que dar aulas a Amy era "estimulante, mas irritava. Ela era uma artista já aos 16 anos e não se deixava disciplinar".

Enquanto Amy estudava na BRIT, Sylvia Young conseguiu marcar um teste para ela com a National Youth Jazz Orchestra. Fascinada com sua voz impressionante, a Orquestra a aceitou e ela começou a cantar em clubes de jazz.

As horas de folga eram passadas com Juliette Ashby, fumando, conforme ela relatou ao *The Observer* em 2007. "Sempre nos encontrávamos em minha casa, quando tínhamos mais ou menos 16 anos e começamos a fumar maconha".

Após terminar ou largar a BRIT (dependendo da versão que você preferir acreditar), convicta de seu destino como cantora e compositora, ela mergulhou de cabeça nas apresentações da National Youth Jazz Orchestra. Já com 17, ela precisava ganhar dinheiro e uma oferta muito oportuna de emprego veio de sua melhor amiga, Juliette, que conseguiu com o pai trabalho para as duas na WENN. Amy se aventurou naquilo que ela própria chamava de *show business* ou jornalismo musical e ficou no emprego por cerca de três meses. Com escritórios em Londres, Los Angeles, Las Vegas e várias outras cidades importantes, um emprego na WENN seria considerado por muitos uma oportunidade caída dos céus para uma pessoa entrar no glamouroso mundo da cultura popular. Amy, porém, não gostava do emprego, achava que fazer reportagens não era uma tarefa inspiradora e sonhava em chegar em casa no fim do dia para escrever canções com seu violão.

Os grandes momentos da semana continuavam a ser as apresentações com a National Youth Jazz Orchestra. Assim descreveu Amy essa época ao *The Sunday Tribune*, em janeiro de 2007: "Eu queria ser jornalista. Estudava jornalismo e fazia apresentações nos fins de semana. Cumpri meu período de aprendizado e escrevi para eles por algum tempo, depois queria apenas trabalhar com recepção. Queria um trabalho mais diversificado. Sempre fui assim de mudar as coisas. Não sou uma pessoa orgulhosa, não me incomodo em fazer chás para as pessoas".

Um benefício inesperado do emprego que só se manifestaria algum tempo depois foi um encontro casual com um homem sete anos mais velho que Amy. Os dois se deram muito bem e começaram a namorar. O relacionamento durou nove meses. Foi, enfim, o primeiro relacionamento sério de Amy. Quando terminou, a separação provocou nela um exame de alma, por assim dizer, que culminou em muitas das músicas no álbum *Frank*.

"Quero cuidar sempre das pessoas", ela disse ao *The Observer*, em 2006. "Mas só conheci dois homens na vida que mereciam ou reconheciam isso. Meu primeiro namorado sério mesmo foi o Chris, sobre o qual escrevi meu primeiro álbum. Ele era adorável, mas não entendia aquilo em mim".

Era 2001, e Amy estava ansiosa para que acontecesse alguma coisa. A centelha apareceu quando Tyler James, amigo e colega aspirante a cantor/compositor da época da Sylvia Young's, assinou um contrato com Brilliant, divisão da 19 Management Ltd, agência de talentos de Simon Fuller e responsável pelo sucesso global das Spice Girls. Com as negociações fechadas, Tyler começou a compor material original. Nesse período, já bem chegado de Amy, ele soube que ela estava aprimorando a voz e a ajudou a preparar algumas demos. Enviou uma fita cassete a um caça-talentos da Brilliant 19 Ltd, Nick Shymansky, que com o gerente da empresa, Nick Godwin, estava procurando uma vocalista de jazz (talvez inspirados pela notícia de que Norah Jones assinara contrato com a Blue Note Records em janeiro de 2001).

"Tocamos a fita", disse Godwin ao *The Guardian* em 2004. "E lá estava aquela voz incrível e as letras fantásticas. Eram poemas de oito, nove minutos. Um toque de violão muito estranho, mas magnífico".

Shymansky teve a mesma impressão e combinou com Tyler James para ver Amy cantar ao vivo com a National Youth Jazz Orchestra. Um dia foi marcado e, como ela já fez várias vezes desde então, apesar da inevitável pressão de cantar diante de caça-talentos capaz de acelerar sua carreira dependendo de sua apresentação, ela subiu ao palco e cantou com todo o coração. Shymansky ficou fascinado e foi procurá-la. Nas semanas seguintes, disse-lhe que a Brilliant 19 Ltd estava interessada em empresariá-la. Ela mal podia acreditar na própria sorte.

"Não fui bater às portas das pessoas", ela disse ao *The Belfast Telegraph* em fevereiro de 2007. "Não me dava ao trabalho de enviar fitas. As pessoas recebem pilhas de fitas e, na maior parte do tempo, nem se importam com elas".

Shymansky decidiu que o melhor plano seria pedir para Amy compor algumas canções originais com um colaborador e fazer algumas demos sérias, que pudessem ser usadas para despertar o interesse do selo em um disco. Sabendo que Amy tinha várias influências, de TLC, Mos Def e The Beastie Boys, até Ella Fitzgerald, Sarah Vaughan e Frank Sinatra, ele julgou que seria interessante aproximá-la de um produtor que tivesse um *feeling* para um som urbano e fosse capaz de encaixar seu estilo vocal de jazz num contexto mais contemporâneo. Amy havia dito que estava trabalhando em algumas músicas com um guitarrista, que tinha um amigo produtor na região oeste de Londres, conhecido como Major. Shymansky pesquisou a respeito dele e, quando descobriu o que a *NME* dizia dele: "Ele cria uma trilha de fundo sem igual", ligou para Major no começo de setembro de 2001.

Capítulo 2

Wild Is The Wind
Selvagem é o vento

Major era o homem perfeito e tinha as qualidades que Nick Shymansky procurava . Se ele fosse capaz de fazer a trilha de fundo para a voz perfeita de Amy, o resultado seria magia pura. Major era perspicaz, ambicioso e entusiasmado. Igualzinho a Amy. Era um produtor com uma abordagem criativa e não se limitava simplesmente a gravar sons. Major era o tipo de produtor que colaborava com o artista, coescrevia, participava dos arranjos, aprimorava, pressionava, sabia como expandir um ritmo ou uma melodia até algo excitante, diferente. Nesse contato entre os dois, Shymansky parecia ter compreendido desde o início que Amy trabalharia melhor com um produtor que a ajudasse a lapidar, aprimorar suas canções. Assim, Major começou uma tradição que posteriormente atrairia Salaam Remi e Mark Ronson.

Major nasceu e cresceu na zona oeste de Londres absorvendo os sons ecléticos da região. O reggae era uma paixão natural, uma vez que seu padrasto tinha um aparelho de som e o instruiu no trabalho de DJ quando ele ainda era adolescente. O primeiro disco que Major comprou foi "Police And Thieves", de Junior Murvin, clássico do reggae que adquiriu estrondoso sucesso quando foi gravado pelo Clash. Quando finalmente dominou a arte do DJ e já sabia operar o aparelho de som, Major caiu na estrada, fazendo turnês com feras como Calvary, Lethal Weapon, One Love e Hearbeat. O próximo passo foi trabalhar como MC no palco, na boate ganhadora do prêmio MOBO, a Rotation. Também trabalhou extensivamente no cenário dos clubes britânicos, ao lado dos DJs Ras Kwame (Radio 1), Tony Touch, Femi Fem e Dodge (MTV) e apresentou festas para a revista *Touch* e P. Diddy.

Quando Shymansky lhe telefonou, Major estava trabalhando como produtor após um encontro casual com Howie B. Ele e Major se conheceram no mesmo estúdio. Ficaram amigos e, quando Howie B viajou, deixou as chaves de seu estúdio com Major. Sem jamais ter tido livre acesso a um estúdio antes, Major aproveitou o tempo para experimentar de tudo. Tocou os resultados dessa experimentação para o astro do trip-hop Tricky, que se impressionou a ponto de pagar a Major para que entrasse no estúdio com Zoe, uma artista na qual Tricky investia. Tricky queria que Major trabalhasse em algumas faixas com Zoe para um futuro lançamento com seu selo. As reuniões foram boas, e Major saiu de lá com a sensação de que o motivo de sua animação foi o fato de ter trabalhado com novos talentos. Ele gostou da experiência de cuidar de um talento que começava a desabrochar.

Quando Shymansky ligou, Major ouviu toda a história e disse que estava muito interessado. Os dois marcaram um dia para se encontrar: 11 de setembro de 2001. Quando o dia chegou, Major percebeu que nunca esqueceria a data, por dois motivos. Primeiro, porque o encontro o levou a trabalhar com Amy Winehouse e segundo, por causa dos ataques terroristas ao World Trade Center, que abalaram o mundo naquele dia.

"Nunca me esquecerei do dia em que me encontrei com Nick na 19 para decidir se queria ou não trabalhar com Amy", Major recorda, falando de sua casa em Hampestead Garden Suburb. "Porque foi o 11 de setembro. Lembro-me de ver os ataques pela manhã e depois ir à reunião. No caminho olhava para o céu e pensava: "a qualquer momento, vai ser aqui".

Quando ele chegou para o encontro, todos estavam falando sobre o que tinha ocorrido em Nova York, assim como todo mundo no Ocidente que tivesse acesso à televisão e à mídia. Quando terminaram de transmitir a reportagem, Shymansky tocou para Major algumas das demos com Amy cantando e, em seguida, lhe apresentou o projeto.

"Na época Amy estava fazendo algumas demos aqui e ali com algumas pessoas, e Nick meio que me perguntou: 'você quer trabalhar com ela?'. Ouvi o material dela e respondi: 'com certeza'. Nick estava tentando me dizer: 'se você a ouvir, perceberá aonde ela pode chegar'".

Sentindo que Major realmente captou a vibração da voz de Amy, de onde vinha e para onde queria ir, Shymansky marcou um dia para eles se encontrarem no estúdio doméstico de Nick, em Kensal Rise, mais ou menos uma semana após os eventos de 11 de setembro.

"Ela só queria algo um pouco diferente", Major recorda, falando do dia em que a conheceu. "E eu também sabia que ela era bem *'street'* porque adorava hip hop, amava R&B, adorava todo esse tipo de coisa. Por isso começamos por aí".

Eles começaram a trabalhar com Amy cantando e Major criando batidas para ela. Da primeira reunião surgiram duas fitas demos. O que mais marcou Major foi a habilidade de Amy para conjurar magia espontânea. Alguns dias depois, essa magia ganhou vida de uma forma ainda mais espetacular.

"Um dia telefonei para ela após fazer uma demo e montamos umas quatro faixas. Uma das canções se chamava 'Alcoholic Logic'. Ela estava em Southampton naquele fim de semana; eu fiz essa batida e toquei por telefone, porque ela estava no trem a caminho de minha casa. Quando chegou, dali a 20 minutos ou meia hora, terminamos de gravar tudo. Ela escreveu no trem. Basicamente escreveu sobre o que tinha feito no fim de semana,".

Esse dom para documentar com franqueza as coisas que ocorrem em sua vida se tornaria a marca registrada de Amy. Major logo notou como ela funcionava melhor. Se eles tentassem trabalhar com muito afinco em determinado material, nada dava certo. Se ele deixasse simplesmente as coisas acontecerem, ela acabava apresentando de tempos em tempos algo espetacular. De qualquer forma, o entusiasmo com a rapidez e facilidade com que "Alcoholic Logic" ficou pronta uniu produtor e artista e as sessões ficaram íntimas a partir daí.

O procedimento normal era apenas Amy trabalhando com Major, mas às vezes eles chamavam um guitarrista para enfeitar algumas canções.

"Para uma ou duas das faixas chamamos Ian Barter, que tocava guitarra. Na verdade, ele ensinou Amy a tocar. Ele foi um indivíduo-chave naquele trabalho. Naquela época, ela só chegava e adicionava o vocal".

A partir do segundo encontro, Major notou que se escondiam no estilo vocal e na técnica de Amy algumas referências clássicas de primeira qualidade e que, se adicionasse um toque *street* contemporâneo a elas, ela teria um som incomparável.

"Não conseguia compará-la com ninguém, simplesmente adorava seu trabalho. Na época, eu estava ouvindo muito de Nina Simone e, quando Amy apareceu, pareceu-me algo do tipo 'tenho de trabalhar com material daquela época, mas atualizado'. Não quis influenciar Amy, tocando para ela aquelas músicas. Apenas desejava que ela fizesse o que queria fazer, mas já tinha em mente o caminho que pretendia seguir com ela".

As sessões de demo foram simples, rudimentares, mas Major percebia uma história de sucesso sendo escrita.

"Àquela altura, sentia que ela seria realmente um sucesso. Parecia tudo estranho, muito cru, mas funcionava. Não quis que ela aperfeiçoasse coisa alguma, tinha de ficar do jeito que estava, cru mesmo. Ela chegava, gravava, nós ouvíamos, podíamos refazer a estrofe, mudar apenas algumas das palavras, mas era isso".

De um modo geral, Major fez o melhor que pôde para canalizar o dom de Amy para o momento espontâneo, destacar seu desempenho luminoso quando ela estava a fim. "Para mim, Amy é um poço de talento. Não conheço muita gente a quem eu possa mostrar uma batida, ali no ato, e que consiga escrever assim, espontaneamente. A maioria das pessoas vai para casa, prepara algo durante horas. Amy estava sempre vibrando, cantando junto e, quando você percebia, estava pronto. E toda a atitude dela era boa. Era muito natural. Faz parte de sua personalidade ser assim, com o que ela produz musicalmente. Ela é uma daquelas pessoas que você não pode simplesmente colocar num estúdio e dizer: faça isso. Ela canta como Amy. É um talento muito, muito natural".

"Trabalhando juntos", Major explica, "a atitude de Amy a fazia forte, corajosa. Ela não se sentia intimidada por estar trabalhando com um MC e produtor emergente cujo currículo, na época, incluía trabalhos com Soul II Soul e Horacy Andy. Não, Amy não ficava nem um pouco nervosa. Tinha total segurança. Não estava nervosa ou, se estava, nunca notei".

Shymansky gostou dos resultados, do toque urbano que Major estava dando a Amy. E Amy, grande fã de Mos Def e The Roots na época, sentia que Major entendia suas tendências para o jazz e o hip hop. O passo seguinte na carreira de Amy, segundo Major, foi estimulado por ele.

"Eu meio que consegui o contrato para ela. Bem, na verdade, não fiz nada, apenas era amigo de Darcus Beese, da Island Records, e toquei para ele uma das canções por telefone. Ele ficou louco e disse: 'Você pode me apresentar a ela? Não diga quem eu sou. Vou aparecer, bater um papo com vocês e ver o que rola. Vou chegar como um amigo praticamente, não como um caça-talentos. Não fale a ela do meu trabalho'".

Segundo Major, Beese, uma figura poderosa no ramo de caçar talentos na indústria musical britânica, tanto naquela época quanto ainda hoje, queria que o encontro fosse marcado o quanto antes.

"Darcus chegou, ouviu-a cantar e dali a algumas semanas tinha sobre a mesa um contrato selado. Foi assim, na verdade. Ela assinou, mas na verdade só começou a trabalhar um ano depois. Enquanto isso, viajei para a Austrália em turnê como o Soul II Soul".

Assim como muitos outros detalhes da história de Amy Winehouse, há várias versões de como Beese a contratou. A matéria de capa da revista *Spin*, edição de julho de 2007, diz que Beese, após ter ouvido as demos de Major, visitou os escritórios da 19 Management.

"Entrei furtivamente nos escritórios da 19 para descobrir quem estava por trás dela", Beese teria dito à *Spin*. "Porque eles a mantinham em segredo. Nunca tinha ouvido uma mulher com tanto talento e tinha de ficar com ela: daí veio o contrato. Ela é Etta James, ela é Aretha Franklin, ela é Mahalia Jackson, ela é Courtney Love".

Segundo outras versões, Shymansky e a 19 Management tinham distribuído as demos discretamente e havia uma corrida entre dois ou três selos para contratar Amy. Beese, que já conhecia Amy informalmente graças a Major, chegou primeiro. Independentemente de outras gravadoras estarem atrás de Amy, Beese chegou até a garota antes e as negociações começaram. Mas não só por causa da qualidade das demos. Amy também foi convidada para ir à Island em 2002 cantar diante de um grupo intimidador de chefes da gravadora. Como mostra o documentário I Told You I Was Trouble, ela, carismática, sentou-se em uma poltrona, usando camiseta, jeans e botas, e, acompanhada de um músico tocando guitarra acústica, cantou com perfeição. Darcus Beese diz no documentário que seus colegas ficaram maravilhados com a voz e a presença dela e sentiram que ele tinha razão: ela era uma artista potencialmente fenomenal, embora ainda tivesse de encontrar uma veia própria.

Há um relato de como foi feito o contrato de Amy com a Island, com a seguinte cronologia: Shymansky apresentou-a Major, que falou com Darcus Beese a respeito dela. Beese conheceu Amy e manteve-se em contato com Shymansky e Nick Godwin na Brilliant 19 Ltd, que ajudava Amy a polir as arestas para garantir um contrato de gravação mais vultoso. Satisfeitos, enfim, resolveram pedir a Amy que começasse a compor canções para seu álbum de estreia com o auxílio de uma equipe de compositores. Enquanto ela trabalhava no álbum, a Brilliant 19 Ltd cortejou discretamente um ou dois proeminentes caça-talentos de importantes gravadoras que também estavam interessados em contratá-la. No outono de 2002, após Amy passar primavera e verão compondo, Godwin abriu as negociações finais com Darcus Beese da Universal-Island Records. Essa sequência de eventos é confirmada por Stefan Skarbek, um dos compositores que Godwin arrumou para trabalhar com Amy na Mayfair Studios, em Londres.

Enquanto trabalhava com Major e assinava a linha pontilhada com a Island, o empresário de Amy na Brilliant 19 Ltd, Nick Godwin, providenciou para que ela começasse a trabalhar com dois jovens compositores, Skarbek e Matt Rowe. Ao mesmo tempo, ela se apresentava em pequenos *pubs*, em eventos como o do Dublin Castle, na localidade que ela adotou para morar, Camden, nos quais artistas emergentes davam sorte em determinadas noites e subiam ao palco para testar suas canções. Ela sempre se apresentava com violão de modo mundo simples, ao estilo de uma cantora/compositora.

Amy se deu bem desde o início com Skarbek e Rowe, e na primavera de 2002 os três foram agendados por tempo indeterminado para trabalhar na Mayfair Studio, compondo e fazendo demos para um material original, que teoricamente seria a base do conteúdo e direção de seu álbum de estreia. Às vezes, a eles se junta um terceiro compositor – Felix Howard.

"Quando ela chegou para nossa primeira reunião, usava jeans completamente rasgados com 'I Love Sinatra' bordado no traseiro", Howard disse ao *The Guardian* em 2004. "É tão a cara dela. Apaixonei-me por ela na hora".

Skarbek e Rowe também ficaram fascinados com Amy e começaram a trabalhar com ela, às vezes com a participação de Howard, de uma maneira perfeitamente orgânica. "Quem nos recomendou Amy foi o empresário dela", recorda Skarbek, que posteriormente iria compor para Mel C das Spice Girls e Alex Parks, enquanto formava sua própria banda, hoje sediada em Los Angeles. "Um sujeito chamado Nick Godwin. Ela começou a trabalhar conosco muito cedo. Acho que fomos os primeiros com quem ela trabalhou de fato. Fizemos muita coisa juntos, praticamente compusemos um disco inteiro. Era meio experimental, mas foi um trabalho muito bom.

Na primeira parte de 2001 até o verão, eles trabalharam com material, arriscaram, compuseram e gravaram esporadicamente.

"Divertíamo-nos muito. Para Amy, foi o ponto de partida de onde ela tirou muitas das ideias que tem hoje. O som. Nunca tínhamos as ferramentas para fazer o que ela faria depois, por causa disso ou daquilo. Mas nos juntamos, compusemos e fizemos um álbum".

À medida que o material original crescia, supervisionado por Godwin, eles começaram a sentir a pressão em torno do som. Interessado em direcionar Amy para o melhor contrato possível e ciente de que as demos de Major já tinham despertado grande interesse, particularmente de Darcus Beese, Godwin queria uma coletânea de canções contemporâneas deslumbrantes, originais, com toques de jazz e blues, que também trouxessem a marca da influência do hip hop/R&B de Amy como preparação para o negócio a ser assinado. Qualquer que fosse a gravadora de Amy, Godwin queria que ela trabalhasse diretamente no álbum de estreia.

"Gravamos algumas músicas para o primeiro disco, mas depois tivemos certos problemas com a produção. Havia três produtores produzindo o mesmo disco. Para ser sincero, Amy ficou meio perturbada com isso. Acho que não era como ela queria fazer as coisas. Foi um pouco de má administração, um pouco disso e daquilo, mas conseguimos enfim gravar várias músicas. Fomos dos *singles* para nada com o que se compararia com o que conseguimos no fim".

Skarbek diz que boa parte do material tinha um nítido senso se humor e ficou pronto após horas de brincadeiras e tentativas. Essas canções contrastavam fortemente com o clima bem mais pesado, mais sério, que culminou em *Frank*.

"Acho que grande parte do lado mais cômico e engraçado de Amy é o que fizemos no começo, do tipo 'Amy Amy Amy', esse tipo de coisa. Ela vinha por semanas a fio e nós saíamos muito. Na maior parte do tempo, íamos comprar roupas e voltávamos ao estúdio às 3 da tarde na sexta-feira e a chefia chegava às 6. Escrevíamos rapidamente alguma coisa e eles comentavam: "Uau, como fizeram tudo isso em uma semana?" E nós respondíamos: "Na verdade, passamos a maior parte do tempo comprando discos em Camden, ou algo assim".

Comprar discos fazia parte do espírito coletivo da diversão musical. Os três descobriam músicas novas o tempo todo, exploravam sons, importando-os como influências novíssimas para a música que estavam compondo.

"Provavelmente eu ainda ouvia The Beastie Boys", recorda Skarbek. "Esse tipo de coisa estridente. Comprávamos discos em Camden, pegávamos literalmente pilhas de discos, levávamos para o estúdio, sentávamos e ouvíamos, enquanto bebíamos chá. O que, aliás, Amy faz muito bem. Ela sabe fazer um chá muito bom. Fazia umas 20 xícaras por dia. E todo mundo dizia: 'Amy, já chega!'".

Na maior parte do tempo, eles compravam às cegas.

"Ouvíamos muitos discos realmente estranhos. Você pode imaginar o que pegávamos em Oxfam, Kentish Town? Ouvíamos muita coisa diferente, não só jazz. Amy e eu estávamos sempre em contato com muita coisa. Sempre encontrávamos algo que gostávamos de ouvir, escutávamos várias vezes, e tocávamos. Também fazíamos coisas do tipo ir ao zoológico e dizíamos que era trabalho. Depois, voltávamos correndo e tentávamos bolar alguma coisa, que a gravadora sempre achava incrível. Já era mais por amor pela atividade do que qualquer outra coisa".

Aquela foi também uma época em que Amy, a musicista, aprendia sempre, inclusive a tocar outros instrumentos, procurando o maior número possível de canais para praticar e extravasar seu talento. Por exemplo, ela pediu a Skarbek que a ensinasse a tocar o trompete, o que provocou algumas cenas muito divertidas na Mayfair Studios.

"Ela ficou obcecada por tocar trompete. Saía da sala em nossos intervalos e levava o instrumento e eu a ensinava a tocar uma escala. As outras pessoas no estúdio olhavam e não entendiam o que estava acontecendo. Uma vez, acho que Madonna estava lá e mandou alguém descobrir de onde vinha aquele som horrível: era Amy no corredor tentando fazer uma escala no trompete. Sempre caíamos na gargalhada".

Skarbek diz que as sessões, acima de tudo, eram divertidas. Com esse clima descontraído eles chegavam a momentos de verdadeiras pérolas musicais por acaso, nunca forçando a composição, sempre se deixando levar.

"Eu trabalhava com Matt Rowe e às vezes com Felix Howard. Era como uma família. Não era o ambiente frio de estúdio que normalmente se vê. Fazíamos, na verdade, o que e quando queríamos. Era ótimo".

Um desses momentos mágicos culminou em "Amy Amy Amy", faixa inebriante de jazz que foi parar no álbum de estreia. "Amy chegou ao estúdio um dia e veio com um namorado que nós chamávamos de purê de ervilha, porque ele sempre vinha buscá-la com batatinhas e purê de ervilhas que comprava em uma lanchonete próxima. Fazíamos uma sessão de *backing vocals*, comigo, Matt e Felix, e chamávamos a nós mesmos de The Cheesy Peas (*ervilhas baratas*) em homenagem a ele. Enfim, ela me falou que estava pensando em não ligar mais para ele, dar o fora nele, e eu disse: "Oh, Amy Amy Amy", e assim surgiu a canção. Foi assim que aconteceu, o mais orgânico possível".

Skarbek diz que muitas das músicas de Amy surgiram assim, a partir de alguma conversa, de uma frase engraçada entre eles. Jogos de palavras viravam letras que cintilavam.

"Geralmente surgem de alguma coisa que dizíamos. Muitas das outras músicas, que pessoalmente considero as pérolas desconhecidas do trabalho dela, que eu adoraria escutar em público, surgiam do nada. Havia uma intitulada "I'm a Monkey Not a Boy" (Sou um macaco, não um garoto), e outra "Ease Up On Me" (Me dá um tempo). Fizemos essas músicas e elas eram muito boas. Sempre compúnhamos com ela, mas o ponto de partida era dela. Amy não cantava nada que não fosse sua cara. Dava para ver pelos ombros dela. Quando começavam a se levantar, sabíamos que ela estava incomodada e não gostava do que estava fazendo".

Outra canção, intitulada "The Ambulance Man", também surgiu por acaso.

"Sua avó estava doente e Amy chegou ao estúdio ao meio-dia, ligou o microfone enquanto eu me sentava ao piano e simplesmente gravamos a canção. Era como se ela estivesse com a canção na cabeça. Como se aquilo fosse transmitido a ela. Ela estava apenas se ligando com algo poderoso lá no alto, sabe? Chegou e escreveu a canção inteira. Era meio tola, mas ao mesmo tempo muito profunda. Com certeza, tinha camadas e camadas de profundidade. Tudo o que ela fazia era meio estranho assim. A voz dela é a voz dela, você sabe. Mas para mim, tem muito mais a ver com o que há por trás de cada palavra e coisa que diz. Isso é o que a torna única".

Independentemente do astral positivo, da criatividade abundante, à medida que o contrato com a Island Records parecia cada vez mais concreto, havia a necessidade de um som claro, uma direção unificada, uma orientação para a espécie de material que caberia em um potente álbum de estreia.

"Na época Amy estava insegura", lembra Skarbek. "Ela sabia, de um modo geral, o que queria fazer, mas recebia instruções para fazer outras coisas. Não havia a menor esperança de que aquele tipo de cantora de jazz fizesse aquilo. Mas, provavelmente, ela foi a única pessoa com quem trabalhei que dizia basicamente: 'vou fazer o que eu quero'".

Essa disposição significava que os três continuariam com a farra e a diversão. "Quando chegou o verão, íamos a Primrose Hill beber *White Russians*. Era nosso passatempo favorito".

De repente, a festa acabou. "No verão de 2002, o trabalho ficou sério", diz Skarbek. "Porque tínhamos de fazer o disco. Acho que foi naquele verão que, de repente, muitas faixas foram guardadas na gaveta por questões de produção".

Essa questão de produção afetou a maioria das faixas que Amy tinha composto com Skarbek e Rowe. Além do ponto de interrogação acerca da qualidade das gravações, Skarbek notou também uma mudança em Amy, a artista, e no ponto aonde ela queria chegar com sua música.

"Para ser sincero, ela provavelmente amadureceu, não queria mais cantar a respeito de macacos e coisas assim. Provavelmente foi isso que aconteceu. Mas me lembro muito bem que naquele verão tínhamos três estúdios operando na Mayfair Studios. Havíamos reservado os três e havia três produtores. De repente, àquela altura, acho que eles (os empresários de Amy) queriam algo mais acessível e não um tipo de álbum de comédia, porque precisavam fazer o lançamento".

No fim, só duas faixas das sessões entraram no álbum de estreia: "Amy Amy Amy" e "October Song". Skarbek se lembra claramente do dia em que ele e Amy escreveram "October Song", uma faixa inspirada pela morte do canário de estimação de Amy.

"Amy viajou no fim de semana e se esqueceu de alimentar seu canário. Resolveu escrever uma música sobre isso. Não acho que o canário morreu por causa disso, acho que morreria de qualquer forma. Mas escrevemos a canção. Ela era do tipo de fazer as coisas assim, escrever no ato, o que acho ótimo. Era ótimo e divertido trabalhar com ela. Fizemos muitas, muitas melodias".

Analisando agora, Skarbek tem uma definição bem clara das músicas com que trabalharam naquela primavera e no verão. "Eram loucas, mas divertidas. Algumas das canções que fizemos ameaçam voltar. O lado B de "Rehab", "Do Me Good", é uma que fizemos também".

Hoje ele acha que o material louco, divertido, embora faça parte da personalidade de Amy, não batia com a imagem que ela tinha de seu futuro. "Há uma coisa estranha nela, ela tem mais medo desse lado mais leve do que de ser uma cantora séria de jazz. Ela realmente quer ser, aspira ser aquela cantora séria de jazz, como Sarah Vaughan, Ella Fitzgerald, todas essas".

Skarbek também vê sinais naquelas gravações da Amy Winehouse que conhecemos hoje. "Como sou trompetista, trabalhando com ela em 'Amy Amy Amy', vendo-a entrar naquele clima, percebo que foi o que provavelmente plantou a semente para ela usar muito dos metais em seu material. O mesmo com os *backing* engraçados que fazíamos como The Cheesy Peas, que parecia algo vindo da década de 1920, aquela coisa meio burlesca, três caras engraçados fazendo os *backing vocals*, dançando e cantando. Ela absorveu um pouco disso. Fui vê-la várias em Los Angels esse ano (2007) e ela estava com alguns caras que faziam isso também, mas eram melhores que nós".

Quando as gravações chegaram ao fim, Nick Godwin, da Brilliant 19 Ltd, fazia sua magia empresarial, providenciando um contrato de publicação para Amy com EMI

Music Publishing Ltd. O adiantamento do acordo significou a independência financeira para Amy. Agora com 18 anos, ela logo se mudou para um apartamento em Camden com sua melhor amiga, Juliette Ashby. Em entrevista ao *The Observer* em 2007, Juliette falou do tempo em que moraram juntas. "Tenho lembranças maravilhosas daquele apartamento. Eu desmaiava de tanta maconha, e Amy cozinhava frango às 3 da manhã. Quando está estressada ou com a cabeça cheia, Amy vai para a cozinha. Ela adora fazer comida para as pessoas. É louca, mas uma boa pessoa. Preocupo-me muito com ela. Havia noites em que eu estava na cama e ouvia um barulho surdo, como uma batida". Quando o mesmo jornal lhe perguntou o que Juliette tinha ouvido, Amy disse: "Eu, batendo a cabeça na parede. Não faço mais muito isso hoje em dia".

No outono, Godwin fechou um contrato com Darcus Beese.

Será que Skarbek lamentou a mudança de direção, que significou o fim de suas composições com Amy? "Eu diria que crescemos juntos. Sei que ela lembra daquela época e que adorava. Foram tempos divertidos, mas acho que houve um momento em que ela temeu um pouco esse seu lado e quis fazer coisas mais sérias".

Finalmente, no fim do ano, o contrato foi assinado. Em 17 de dezembro de 2002, Amy Winehouse, então em seus tenros 19 anos, estava oficialmente contratada pela Universal-Island Records.

Capítulo 3

I Put A Spell On You
Enfeiticei você

Embora algumas canções já estivessem prontas, "October Song" e "Amy Amy Amy", por exemplo, o primeiro impulso da Island foi colocar Amy em contato com um produtor que levasse seu som a outro nível. Darcus Beese sabia como Amy trabalhava bem com um colaborador-produtor como Major e também deve ter notado como o foco se perdera na ausência de um produtor dedicado trabalhando com Amy em seu material na Mayfair Studios. Ciente de que Amy ouvia muito o *rapper* americano Nas, Beese resolveu estudar a possibilidade de fazê-la trabalhar com o produtor Salaam Remi, de Miami, que trabalhara com Nas. Outro motivo por que Beese considerou Remi e Amy juntos era que ele produziu recentemente *A Little Deeper*, o álbum de 2002 do cantor de R&B de Londres, que incluía o *single* de sucesso "Dy-na-mi-tee".

Paralelamente à decisão da gravadora quanto ao produtor, o relacionamento de Amy com Chris, o namorado que conhecera na WENN, acabou. Angustiada pelo fato de ele ter terminado com ela, Amy se retraiu, como aconteceria de novo em *Back To Black,* e começou a compor fervorosamente músicas sobre a experiência.

"Quando meu namorado rompeu comigo, não pude compreender bem o que estava acontecendo", ela disse ao *The Sunday Herald* em 2007, refletindo na inspiração que teve para o álbum *Frank*. "Não entendi por que ele fez aquilo. Então escrevi 'Take The Box', sobre como eu coloquei tudo o que era dele em uma caixa e me livrei daquilo. Esse é um bom exemplo de como a situação me inspirou".

Trabalhando com essa tristeza, em pouco tempo ela criou uma pilha de canções originais, que pôde levar ao estúdio. Aprendeu rapidamente que compor música era algo muito catártico. Despejava toda a sua amargura na música, compunha canções magníficas e a dor passava. Todo mundo ganha. A única desvantagem era que ela precisava de coisas ruins acontecendo em sua vida para se sentir triste a ponto de escrever com o coração, como disse ao *The Times* em 2003: "Para eu ser compositora e cantora há sempre algo em mim completamente perturbado, ferrado e triste. Mas não quero ficar presa num quarto, só escrevendo: deitar, chorar e compor".

Escrever de maneira aberta e franca, a partir de uma experiência concreta, era algo que ocorria com naturalidade. O estilo de compor confessional de Amy, inspirado, sem dúvida pelo fato de ela ter crescido em um lar em que sua mãe sempre tocava músicas de compositores que reviravam a alma como James Taylor e Carole King, encaixava-se perfeitamente com a paisagem cultural do tipo Oprah Winfrey/*Sex And The City*/*Prozac Nation*. Eram músicas cruas e verdadeiras, que não ignoravam os momentos desconfortáveis da vida. Músicas que falavam com franqueza dos aspectos mais confusos dos relacionamentos românticos e só tinham a pretensão de ser apenas canções amarguradas de amor. Em suma, uma mulher de 19 anos, recém-apresentada ao clube dos corações partidos, abre o coração e, ao fazer isso, descobre que a confissão de seu sofrimento pessoal na forma de boa música a faz se sentir melhor.

"Ser pessoal é o meu estilo", disse Amy ao *The Independent* em 2004. "Sou assim. Nunca vou dizer as coisas da mesma maneira que as outras pessoas. Como não acho interessante ouvir coisas assim, não acho interessante também dizer".

Enquanto isso, Salaam Remi entrou no projeto e todos estavam felizes por ele produzir o álbum de Amy. Quando Stefan Skarbek soube que Amy ia para Miami trabalhar com Remi no estúdio Creative Space, percebeu que aquilo fazia perfeito sentido.

"Não tenho nenhum ressentimento por não continuar trabalhando com ela, porque sabia que o caminho de Amy era diferente do meu e eu não tinha as ferramentas de que ela precisava. Aliás, nem Matt. Ela queria alguém que possuísse essas ferramentas. Salaam Remi e Mark Ronson não se importam tanto com a composição das músicas quanto com o Djing e o hip hop, que eram sempre muito importante para ela. Já Mos Def, ela era louca por ele, sempre. Mas, na verdade, ela é uma roqueira que gosta de cantar jazz. Acho que era mesmo a atitude certa trabalhar com Salaam Remi.

Remi, com 31 anos quando foi convidado para entrar no projeto, foi criado em Nova York. Seu pai, o músico e engenheiro de estúdio Van Gibbs, abriu o caminho do filho para a posição de um ilustre produtor. Remi, que ganhou sua primeira bateria aos 3 anos de idade, teve a primeira oportunidade de tocar teclado com Kurtis Blow no álbum de 1986, *Kingdom Blow*, produzido por seu pai. Ficou fascinado com o hip hop e com sampleagem. Seu pai vivia dizendo que ele deveria *tocar* música, não apenas samplear. Isso levou Remi a estudar as gravações e as técnicas de produção usadas nos discos de James Brown. Enquanto fazia isso, também aprendeu a tocar vários instrumentos. Combinou as três coisas: estudo das velhas gravações de James Brown, um talento para vários instrumentos e a sampleagem, até chegar à sua marca registrada única como produtor e colaborador.

Em seguida, Remi começou a construir um estúdio próprio com equipamentos raros e com valor histórico. Com essa abordagem exclusiva e equipamento de primeira, ele começou a construir uma reputação no cenário hip hop. Recebeu muita atenção quando produziu "Nappy Heads" e "Fu-Gee-La", de The Fugees, e o *single* de sucesso de Nas, "Made You Look" (que Amy adorava). Em harmonia com esse sucesso, ele se tornou bastante interessado em reggae e passou a trabalhar também com vários artistas do *dancehall* de meados da década de 1990.

Em 2002, ainda na sequela dos ataques de 11 de setembro, Remi resolveu mudar seu estúdio de Nova York para a Costa Oeste, em Miami, Flórida. Lá ele ficou mais próximo de músicos de reggae como Troy Genius e do Circle House Studios em Miami, que mixou muitos trabalhos clássicos de produção de Remi. Foi nessa época que ele trabalhou com Ms Dynamite.

Com a coleção de suas músicas de coração partido em mãos, Amy foi para Miami se encontrar com Remi. Acostumada a trabalhar em Londres com Skarbek e Rowe, ela se viu num mundo novo. Em primeiro lugar, Remi produziu Nas, um rapper cuja música Amy adorava. Depois produziu também *The Score*, de The Fugees, outro álbum que ela tinha na mais alta estima. Seu estúdio legendário, repleto de equipamentos musicais de alta classe, transbordava criatividade e fulgor artístico. Como produtor ele era conhecido por colaborar, modelar a música de acordo com o artista, juntando a visão dos artistas com sua abordagem própria e única de gravação.

A Island decidiu dividir o álbum e deixar Remi produzir uma parte do material, enquanto outro produtor, Commissioner Gordon, se encarregaria de outra parte. Essa abordagem dupla se mostraria eficaz, fazendo com que a gravadora repetisse a fórmula no segundo álbum de Amy, *Back To Black*, metade do qual foi produzida por Salaam Remi e a outra metade por Mark Ronson. Para a parte de Remi de *Frank*, Amy gravaria as faixas em Miami. Para o lado de Commissioner Gordon, ela iria à Costa Leste dos Estados Unidos e gravaria as faixas no estúdio doméstico de Gordon, The Headquarters, em Nova Jersey. Além disso, eles fariam algumas faixas em Londres (de novo, no Mayfair Studios) e no Platinum Sound Studios, em Nova York.

Commissioner Gordon (vulgo Gordon Williams), na qualidade de produtor, engenheiro e mixer de discos, já trabalhara com artistas do calibre de KRS One, Will Smith, Whitney Houston e, particularmente, Lauryn Hill, em seu álbum de estreia *The Miseducation of Lauryn Hill*, quando foi convidado para o projeto *Frank*. Em suma, a Island contratou pesos pesados e Darcus Beese deve ter tido uma visão clara da direção do que a gravadora e ele mesmo queriam para Amy. Se o objetivo de Amy era ser uma cantora de jazz, a Island obviamente planejava inserir sua voz em uma mistura de R&B/soul/hip hop/reggae.

Em Miami, Remi trabalhou com Amy na elaboração das faixas e na definição dos vocais. De um modo geral, isso significava tocar violão e cantar. Após Amy fazer sua parte e ela e Remi conversarem e testarem arranjos e tempos, instrumentos e introduções, ela saiu de Miami. Remi, então, chamou vários músicos para ajudá-lo na montagem das faixas. Um desses músicos era Jeni Fujita, uma *backing* vocal famosa por ter trabalhado com Lauryn Hill e Wyclef Jean.

"Meu amigo Salaam Remi me ligou e disse: 'Venha para Miami me ajudar nos acompanhamentos', Fujita se recorda, falando de sua casa, em Los Angeles. "Eu fui e fiz todos. Acho que parte do vocal de Amy ficou baixo, mas acho que era apenas um esboço da voz principal. Não cheguei a conhecê-la. Cheguei e dei o toque certo, como Salaam me pediu".

Remi deu poucas instruções a Fujita. Disse apenas que, assim que ouvisse as faixas, ela saberia o que fazer. "Salaam só disse, 'estou trabalhando com essa superartista da Inglaterra'. Quando ouvi a voz dela, ele não precisou dizer mais nada. Bastava ouvir mesmo. 'Vá lá e faça o que você sabe fazer'. É tudo muito simples quando eu trabalho com um cara como Salaam. Ele dizia: 'Ok, Jeni, faça o que você sabe fazer, sei que vai ficar bom'. Ele orienta quando é preciso".

Fujita ainda se lembra da primeira vez em que Remi tocou para ela a voz de Amy. "Quando a ouvi, pensei: 'Espere um pouco, é a Lauryn (Hill)?' Para mim, era muito parecida com a voz da Lauryn. Nem todos concordam comigo quanto a isso, mas foi a minha impressão inicial".

Sendo Amy Winehouse uma recém-contratada da Island, Fujita não conhecia muito a artista em cujo disco estava trabalhando. "Não sabia quem era Amy e não sei se ela tinha ideia de que iria se tornar esse supersucesso. Nesse estágio, quando um artista é novo você faz o que pode por ele, deseja o melhor a ele, porque o trabalho é difícil. Sempre dou toda a minha energia em qualquer projeto e apoio o cantor e desejo o melhor a ele".

De modo geral, durante toda a sessão de gravações, Remi deixava Fujita conduzir as canções para onde ela sentia que deviam ir. "Salaam confiava que eu sentiria o *feeling* das faixas. Havia uns toques de jazz óbvios e eram cheias de soul. Amy me lembra muito Lauryn Hill, por isso, foi muito fácil eu saber o que iria fazer, acessar a minha parte soul e combinar com o que Amy já havia gravado e com o que Salaam já incluíra na composição musical. Foi muito fácil perceber como me encaixaria".

Em seguida, ela aplicou seu talento característico para trabalhar com outra voz, acrescentando a alma dela à deles. "Uma coisa que desenvolvi com o passar do tempo é dar apoio. Como cantora *back-up*, sei que tudo tem a ver com o apoio, e a melhor maneira de fazer isso é dizer como a música pode ficar melhor, onde acentuar ou dar a cor certa ao que já está feito. Se Lauryn ou Amy têm a voz mais grave, eu acrescento tons mais agudos. É preciso dar uma dimensão diferente ao que já está ali. Se estou cantando com uma cantora potente, não sigo na mesma potência, apenas vou atrás, ajudando a destacar essa potência. Vejo isso como uma espécie de arte com diferentes cores, algumas mais ousadas ou com tons que ajudam a dar destaque a essas cores".

Sendo Amy uma artista emergente, a experiência foi muito diferente do trabalho com Lauryn Hill em *The Miseducation of Lauryn Hill*, explicou Fujita. "Com Lauryn, estávamos todas juntas. Ela nos orientava e ficava no estúdio produzindo. Punha a mão na massa mesmo. Era seu primeiro álbum solo. Tinha muito mais controle criativo. Era muito mais um trabalho em grupo. Eu estive em turnê com Wyclef Jean por quase um ano e, quando Lauryn fez *Miseducation*, vi que punha mesmo a mão na massa. Ela me telefonava e dizia: 'Preciso que você cante essa parte aguda porque não estou alcançando. Você pode vir agora?' Éramos um grupo trabalhando em harmonia em 'Doo Wop (That Thing)'. Trabalhar em *Frank* com Amy, uma artista nova, foi uma experiência diferente. Salaam tinha de ficar muito mais em cima das coisas".

Outro músico que Salaam Remi chamou foi Troy Genius (vulgo Troy Wilson, nos créditos do álbum), baterista jamaicano residente em Miami, cujos créditos na época incluíam trabalho na bateria com Redman, Bounty Killer e Dennis Brown.

"Fui convidado para o projeto por um amigo muito chegado, Salaam Remi", conta Genius, falando de sua casa em Miami. "Era ele quem realmente cuidava do projeto. Trabalhamos também com Alicia Keys. Salaam é um grande amigo meu e trabalhamos muito bem juntos.

Remi pediu a Genius que adicionasse a bateria às faixas. "Toquei umas quatro ou cinco músicas. Ele me deu toda a sua parte do álbum para colocar bateria".

Assim como Jeni Fujita, Troy Genius obviamente não conhecia Amy Winehouse. "Nunca tinha ouvido falar dela. Como na época em que Salaam e eu trabalhamos no álbum de Joss Stone, nunca tinha ouvido falar dela até o lançamento do álbum. Portanto, para mim era apenas um projeto".

Genius foi útil para Remi na hora de montar as canções. Eles trabalharam no estúdio dando ritmo à música, acrescentando uma batida contagiante. "Quando ouvi as faixas", diz Genius, "era só ela e o violão, ela sentada tocando violão. Acrescentamos tudo o que era necessário. Só trabalhei com Salaam. Não conheci nenhum dos outros músicos. Cheguei e fiz minha parte. Como fazemos com qualquer outro projeto. Ele me liga, eu vou, trabalho com ele. Não moro muito longe. Moro na parte norte de Miami a uns 20 minutos de carro da casa de Salaam pela rodovia. Havia algumas canções que queríamos que saíssem perfeitas. Mas não foi muito difícil, porque ele sabia o que queria, eu apenas facilitei sua produção".

Como Fujita, Genius nunca foi apresentado a Amy. Ela já tinha gravado, registrado sua magia, deixado-a com Remi. Como sempre, ele colocou todo o seu brilho no processo. É por isso que muitas das músicas têm a autoria creditada a Amy e Remi. Ele tem um papel criativo intenso na evolução de um corpo musical que desabrocha em um álbum.

"Salaam sente a música", explica Genius. "Ele consegue duplicar qualquer coisa que o cliente queira, ou a vibração necessária para incrementar determinada faixa. Foi muito legal trabalhar no álbum por causa do toque diferente que demos a ele".

Como já tinha feito com outros trabalhos que fizeram juntos antes, Remi deu a Genius uma sensação magnífica de direção musical. "Se você conhece Salaam, compreende que ele vê a textura da música. Ele me fala de certas cores. É preciso conhecê-lo para você entender o que quero dizer. Mas ele vê a música em cores e texturas".

O trabalho principal de Genius, porém, era dar um alicerce às músicas. "Acho que colaborei muito ao elaborar um toque ou um sabor especial para o que Amy cantava.

Quando o trabalho de Genius nas faixas ficou pronto, ele sentiu que o disco faria sucesso. "Para dizer a verdade, desde que conheci Salamm Remi, ele não se empenha em qualquer projeto. Tudo o que ele faz ganha destaque, de The Fugees a Toni Braxton. Já trabalhamos muito juntos. Fizemos, por exemplo, a trilha sonora de *Rush Hour 3*. Sinto que a maioria de seus projetos, senão todos, ganharão proeminência".

Enquanto isso, no outro lado do álbum, Commissioner Gordon estava trabalhando com igual afinco para deixar sua metade do material com o mesmo padrão de qualidade. Convidou Também sua elite de músicos para ajudar na montagem das faixas. Um deles foi Earl Chinna Smith, guitarrista de reggae conhecido por seu trabalho com Bob Marley & The Wailers, Augustus Pablo, Black Uhuru, Burning Spear, Horace Andy, Prince Far I, Sizzla, Peter Tosh, King Tubby e Jimmy Cliff.

Ele e Gordon trabalharam juntos antes. "Commssioner Gordon me telefonou", recorda Chinna Smith, falando de casa, em Los Angeles. " Veio para a Jamaica com Lauryn Hill e trabalhamos em algumas faixas. Um baixista, amigo meu, Chris Meredith, que costumava tocar com Ziggy Marley e Steve Marley, também veio e trabalhamos juntos".

Em *Frank*, Gordon queria que Smith desse às canções de Amy um toque caribenho. Convidou-o para conhecer Amy e outros músicos em seu estúdio em Nova Jersey. "Amy chegou e tocou violão", diz Chinna Smith, contando como a conheceu. "Foi muito divertido, ela fumava erva, como nós. Tinha uma energia boa".

Assim como todo mundo que trabalhava com Amy, Chinna Smith não percebia que ela estava nervosa na companhia de músicos tão experientes. "Ela estava muito confiante. Fiquei impressionado ao ver que ela tocava na nossa sintonia. Quando a ouvi cantar, pareceu-me uma Sarah Vaughan jovem, sabe? Era uma cantora desse tipo. Pensei, uau! E ela disse que conhecia uma pessoa, um parente, não me lembro bem, com alguma ligação com aquele famoso clube de jazz na Inglaterra, o Ronnie Scott's. Por isso sei que ela tinha um conhecimento de jazz. Quando ela disse isso, pensei, puxa, cara, você tem esse tipo de conhecimento musical, agora sei por que sua voz é assim".

Algumas horas depois de trabalhar nas faixas, Chinna Smith estava muito impressionado com Amy. "Ela tinha talento demais, e Commissioner Gordon estava muito entusiasmado. Ela cantava lindamente!"

Eles se entenderam muito bem e compuseram juntos, trabalhando com os mesmos elementos espontâneos que deram forma às gravações no Mayfair Studios com Skarbek e Rowe. "Nosso negócio era assim, você toca o violão, acrescenta algumas mudanças, uma batida e compõe. Ela fez duas músicas assim".

Em outros casos, as faixas estavam completas e Gardner só queria que Chinna Smith gravasse *overdubs*. Compondo, gravando ou fazendo um *overdub*, os dias tinham a mesma forma no decorrer das gravações.

"Ficávamos na casa do produtor. Amy chegava pela manhã e adorava tocar, cantar e nós fumávamos erva. A erva é uma inspiração, um motivador".

No segundo dia, as impressões de Chinna Smith sobre Amy ficaram mais calorosas. "Ela era uma garota de puro talento, muito amor pela música e queria chegar lá".

Chinna Smith atribui a Gordon o clima familiar tranquilo das gravações, criando um ambiente amigável. "Era lindo", o guitarrista se lembra. "Fazíamos as refeições juntos. Amy gosta de comida tailandesa, como eu. Curti muito fazer aquele projeto".

Durante as sessões, enquanto Amy cantava abertamente as agruras do amor sofrido de uma menina londrina, Chinna Smith se impressionava com o frescor das letras dela. "O que mais me interessa nas letras é que elas são uma espécie de revolução doméstica, do tipo que as pessoas vivem todos os dias. Aquelas letras e melodias são realmente uma coisa. A atitude. O modo de ela lidar com tudo aquilo era único. Venha de onde vier, ela é muito inteligente".

Com as gravações encerradas, Commissioner Gordon pegou as faixas e as mixou pessoalmente.

Salaam Remi, por sua vez, levou sua parte do disco ao Circle House Studios em Miami. Já gravara as faixas com Gary "Mon" Noble, do Circle House, portanto seria lógico que Noble pegasse as faixas e as mixasse de acordo com as especificações de Remi. Steve "ESP" Nowa trabalhava como assistente de Noble há algum tempo. Quando ouviu as faixas, ficou tão fascinado que pediu a Noble que o deixasse trabalhar com ele na mixagem. "Comecei a trabalhar no Circle House Studios em 2001", explica Nowa, hoje engenheiro chefe do estúdio. "Fui assistente chefe por muito tempo, e Salaam Remi era um de nossos melhores clientes. Ajudei Gary Noble em todos os álbuns que eles faziam. Quando o projeto de Amy Winehouse chegou às minhas mãos, o álbum de estreia dela, fiquei tão animado ao ouvir a qualidade da música que perguntei a Gary se poderia ajudar na mixagem. Na verdade eu queria embarcar no projeto e fazer parte dele".

Noble concordou em comixar as faixas com Nowa, e eles começaram a trabalhar.

"Ficávamos no estúdio todas as noites, mixando as músicas. Passamos semanas e meses. Só ajustando as músicas, extraindo delas o som que queríamos. Passamos muito tempo trabalhando no vocal de Amy. Do jeito que Salaam grava tudo fica bom demais, porque ele tem mais equipamentos do que qualquer outro nos Estados Unidos. Ele tem tudo o que há de melhor. Por isso, tudo o que ele grava fica bom. Estávamos, na verdade, apenas dando um toque final em tudo".

Nowa diz que Remi deu poucas instruções, confiando neles como confiou em Fujita para que conduzissem as faixas na direção que achassem necessária.

"Como Salaam é um cara muito técnico quando ele conversa com uma pessoa que conhece a linguagem da música, ele fala de um jeito diferente. Mas quando fala conosco, é muito técnico porque consegue mixar uma música sozinho. Ele sabe como manejar todos os equipamentos que usamos. É muito técnico. Salaam é capaz de entrar em uma sala e dizer a você exatamente que frequência precisa ser melhorada ou cortada. Gary trabalha com ele há tanto tempo que sabe o que Salaam procura".

Quando Remi dava alguma orientação ou instrução, era, em geral, oblíqua, como por exemplo, mostrar ao pessoal uma música que contivesse algum som ou elemento em particular que ele queria que fosse usado como base. "Salam chegava ao estúdio e às vezes nos dava uma pilha de CDs dizendo: 'Escutem este instrumento neste CD e este outro naquele'. Dizia o que gostava em algumas canções, queria que ouvíssemos aquelas referências e tentássemos incorporar todos aqueles pequenos detalhes em seus discos".

Desde o primeiro momento em que ouviu a música de Amy e importunou Noble para que o deixasse participar da mixagem, Nowa ficou impressionado com o poder de sua voz.

"Os vocais de Amy são de outro mundo. Seu tom é de primeira classe. Basicamente, nós só misturávamos efeitos diferentes até criar um toque perfeito, caloroso e claro que permeasse todas as faixas, mantendo aquele tom de classe e mistério".

Boa parte do trabalho deles consistia em juntar os melhores elementos e tomadas, polindo o trabalho já potente de Remi. "Muitas vezes, repassávamos muitas tomadas diferentes com os músicos e escolhíamos material que funcionasse bem com as improvisações que ela cantasse no momento. E colocávamos tudo junto. Mas a hora de mixar era hora de mixar. Ficávamos sozinhos e tínhamos liberdade para fazer o que quiséssemos".

Nowa logo percebeu o que serviria para as faixas pegarem fogo, decolarem

"Era a combinação do vocal de Amy com as faixas que Salaam estava fazendo".

Quando ele e Noble quase terminaram com a mixagem, os executivos vieram checar o trabalho. "A gravadora vinha no fim. Eles não tiveram grandes problemas. Só queriam sentar e rever as mixagens finais conosco. Mas a gravadora não passou muitos detalhes. Se tivéssemos alguma coisinha, precisaríamos rever tudo".

Quando terminaram mesmo, Nowa sentiu que o disco seria importante. "Desde o primeiro momento em que o ouvi, soube que seria um enorme sucesso. Pois imaginei que, se eles tinham o orçamento para trabalhar conosco e Salaam na produção, então tinham o orçamento também para lançá-lo corretamente. E eu sabia, tão logo ouvi as canções, que o disco seria algo de que o mundo precisava. Porque a música era magnífica".

Capítulo 4

Frank

Apesar de supostos pequenos desacordos com a Island a respeito da seleção de um ou dois mixes para o álbum, Amy e a gravadora finalmente acertaram as diferenças e *Frank* ficou pronto. A capa do álbum, elaborada por Charles Moriarty, mostrava uma Amy Winehouse saudável, sorridente, bronzeada, levando um cãozinho preto bonitinho para passear, um visual a milhas de distância da Amy Winehouse de *Back To Black*, com umas doze ou mais tatuagens e o físico dramaticamente magro. Usando um top rosa com um ombro à mostra, ela parece uma jovem de 19 anos comum, dando uma volta com o cachorro pelo quarteirão. É uma imagem que, de certa forma, não combina com o conteúdo do disco, principalmente quando justaposta com o adesivo obrigatório na capa de "advertência aos pais: conteúdo explícito", por causa do uso sadio de exclamações no álbum. Se considerarmos que a Island trazia gente do calibre de Salaam Remi e Commissioner Gordon, é surpreendente que a capa não tenha feito um jogo com a voz negra de Amy, sua música de inspiração afro-americana, as vastas raízes americanas de suas tendências musicais. Pelo contrário, o visual é de uma cena comedida, algo entre Carole King na capa de seu álbum de vendas multimilionárias *Tapestry* e Norah Jones, na capa de seu também multimilionário álbum de estreia, *Come Away With Me*.

As outras fotografias feitas por Valerie Phillips mostram uma Amy mais real, cotidiana, íntima, passando maquiagem diante de um espelho, preparando-se para sair, jogando sinuca (aparentemente um dos passatempos favoritos dela), preparando-se para fumar um baseado, procurando alguma coisa na bolsa, uma cena que deve ser sua coleção de CDs, outra cena de acessórios (braceletes e um sapato) e destacam o enredo básico de algumas canções do álbum, no qual uma jovem em Londres conta a história de um relacionamento malsucedido com um homem sete anos mais velho. A foto da coleção de CDs é particularmente fascinante e dá uma boa ideia do que Amy queria mostrar de seu gosto musical para seu público na curta jornada de vida que culminou na criação daquele álbum: Thelonius Monk, a trilha sonora de *Rocky Horror Picture Show*, TLC, Beck, Wu-Tang Clan, Busta Rhymes, Michael Jackson, Miles Davis, Rage Against The Machine, Talib Kweli, Frank Sinatra, The Roots, De La Soul, Ella Fitzgerald, Mahalia Jackson, Red Hot Chili Peppers, Sheryl Crow e assim por diante. Muitos dos títulos dos álbuns aparecem desfocados, mas pelo que se pode ver, há verdadeiras surpresas, particularmente Sheryl Crow.

Frank não começa como um álbum de estreia de uma nova sensação pop. O som inicial é "Stronger Than Me (Intro)". Um baixista e um guitarrista se ocupam de suas escalas, enquanto se ouve uma mulher cantando por cima. Um pouco meloso, misterioso, vivo. Não parece o vocal de uma jovem de 19 anos. Parece uma voz madura, uma improvisação de uma veterana do jazz, que talvez já tenha cantado em todos os clubes de uma ponta a outra dos Estados Unidos. A intenção, com certeza, é que essa gravação de estreia da jovem artista a lance em uma jornada de jazz. Não pode haver nenhum erro com classificação ou gênero. Essa moça se considera uma cantora de jazz da cabeça aos pés. O vocal, em seu estilo, é uma referência à grande linhagem de cantoras de blues anteriores. A voz é atemporal, conhece suas raízes, seu senso histórico. Há um reconhecimento dos canais de onde vem a música. São antigas, proporcionalmente tão antigas quanto a cantora é jovem. Essa discrepância fascina a todos.

A abertura do disco dificulta a rotulação simples de um som. Não é um som atual, com certeza. Não é um som novo. Não é uma artista revirando a música popular de cabeça para baixo, reiventando-a. Não é Elvis Presley lançando "That's All Right (Mama)", The Beach Boys com *Pet Sounds*, os Beatles com *Sgt Pepper's Lonely Hearts Club Band*, nem My Bloody Valentine com *Glider*. Trata-se de uma jovem de 19 anos cantando os fantasmas do jazz em 2003. O detalhe-chave, porém, é que os vinte segundos de "Stronger Than Me" (Intro) não parecem 2003.

De repente, enfim, entra o ritmo. Um balanço soul que combinaria com *The Miseducation*, de Lauryn Hill, ou com *On How Life*, de Macy Gray, ou ainda *Baduizm*, de Eryka Badu. Os toques jazzísticos de guitarra acompanham serenamente a batida por baixo da voz. O saxofone e o som de órgão dos anos 60 acrescentam cor. Entra o baixo aqui e ali, lembrando um reggae distante. Por cima de tudo, a voz. Uma cantora de soul, uma cantora de jazz, uma cantora de blues, uma cantora de R&B. O vocal é de arrepiar. Do nível de Billie Holiday, Macy Gray, Lauryn Hill, Neneh Cherry, Mary J. Blige. As letras são uma queixa assertiva a um namorado, comentários pesarosos de um relacionamento que não vai bem. A linha de pensamento é a insatisfação de uma mulher: o namorado não é macho o suficiente, não cumpre seu papel de homem como deveria. Ela sente a pressão de carregar elementos do papel tradicional dele na relação. A queixa endurece, torna-se uma ferroada, um comentário ferino: ela pergunta se o namorado é gay. Quer um homem na vida, não um tipo de "novo homem", cheio de sentimento e consideração, que gosta de mesclar os papéis e os estereótipos em um relacionamento.

Essa política de relacionamento chega à canção de forma imperiosa, mas como uma narrativa. Não é a desmoralização, por exemplo, de uma música de Missy Elliott (compare "Stronger Than Me" com "One Minute Man" de Elliott), nem a reclamação explícita, lamuriosa, de uma canção de Lil' Kim. São as palavras de uma mulher forte que quer um homem que a enfrente e às vezes até a usurpe, ofereça-lhe um desafio, mantenha-a afiada. Uma política semelhante aparece no álbum de Liz Phair de 2003, *Exile in Guyville*, a resposta canção-por-canção ao disco dos Rolling Stones de 1972, *Exile on Main Street*. O álbum radical de Phair, no qual ela se queixa dos traços tipicamente masculinos na busca de uma mulher por amor, trazia faixas como "Fuck And Run", a respeito da fala doce de homens que convencem as mulheres a ter uma transa de uma noite com eles para depois sumirem logo pela manhã, sem sequer se despedirem.

Winehouse chegou a esse álbum com uma noção igualmente forte do que pretendia dizer. O tema era política de relacionamento. Sua postura era de uma garota norte-londrina de 19 anos, pós-feminista decidida, sensata, que levou um fora do namorado. Ela trouxe às suas canções tipo uma mistura de Lauryn Hill e Billie Holiday as opiniões de uma jovem que aprecia um programa de televisão do tipo *Sex And The City*. Era uma mulher que sabia do que gostava e não gostava num homem e se sentia muito bem em escrever com franqueza acerca de suas experiências e decepções, independentemente de qual ego (do ex-namorado, claro) seria ferido pelo caminho.

A canção não se resumia, contudo, a uma mulher forte esperando um homem igualmente ou mais forte que ela. Falava de uma mulher que ansiava pela masculinidade à moda antiga, personificada por atores como James Dean, Robert De Niro, Marlon Brando e Matt Dillon. Era uma canção a respeito de uma mulher que não queria ser um mero pano de fundo para o namorado, mas, ao mesmo tempo, esperava que ele assumisse a liderança. Uma fascinante fusão de ideais feministas e tradicionalismo. Daí o título do álbum. As músicas eram as elucubrações francas (*frank*) de uma mulher de 19 anos e uma homenagem ao tipo de homem como Frank Sinatra: macho, duro, tradicional. Um homem, em outras palavras, não muito diferente do pai de Amy, Mitch.

A faixa três, "You Send Me Flying", começa como uma canção de Eartha Kitt dos anos 70, com os acordes do piano chamando para a pista de dança. A voz, algo entre Kitt, Diana Ross, Sade e Donna Summer, novamente se eleva sobre a música, decola com paixão. Você pega a primeira letra, uma mulher cantando sobre ter emprestado ao namorado dois álbuns: um disco de Outsidaz e o novo de Erykah Badu, e de repente o ritmo sobe. Após a camuflagem em jazz da introdução, o disco adquire agora um som mais claro, urbano, juntando os interesses de Amy por jazz, blues, R&B, hip hop e soul. Essa história de amor contemporânea se desenrola com referências aos discos do Beastie Boys do namorado. A guitarra belíssima e limpa permeia a história no fundo o tempo todo. Quando o refrão aumenta e acompanha a bateria, parece o melhor do Soul II Soul. Quase no fim, as improvisações vocais, passando uma ideia de orgulho, se elevam, quase colocando a música em um pedestal.

A bateria na abertura de "Know You Now" vem acompanhada de canto de pássaros, com uma cadência caribenha. A música parece um soul de primeira da década de 1970. Há um toque de R&B negro, com inclinação para o jazz e referências a Alicia Keys, Erykah Badu, Macy Gray, Eartha Kitt, Lauryn Hill. A voz de Amy faz o ouvinte se lembrar, aqui e ali, de Billie Holiday e Lauryn Hill. Enfim, é uma daquelas faixas no álbum que torna difícil você acreditar que a cantora é jovem, branca, judia e britânica, quatro rótulos que contradizem o ritmo da voz.

"Fuck Me Pumps", com o sabor do *dancehall* e a batida potente de Lauryn Hill, trata da busca maliciosa de uma determinada espécie de mulher pelo Príncipe Encantado. Satiricamente, Amy enumera os traços de personalidade de tal mulher, cuja aspiração é arrumar um homem alto, bonito, rico, a fim de compromisso e capaz de lhe dar uma vida de fábula como a de uma esposa de um jogador de futebol, enquanto, ao mesmo tempo, faz uma crônica de sua vida triste de noitadas, decepções e esperanças frustradas, sempre carregada de maquiagem, usando salto alto e jeans apertados, além das roupas de grife mais recentes. Amy afia as garras aqui, promovendo o encontro fatídico entre *Sex And The City* e a *Cosmopolitan*, assassinando o que ela vê como o exemplo mais fútil de mulher. Quase no fim, os vocais tipo "doo-wop" indicam como sua música evoluirá no futuro quando ela começar a escrever e gravar seu segundo álbum, *Back To Black*. Ela explicou ao *The Times*, em 2004, quem era o alvo da canção: "Algumas mulheres acham que seu valor se mede por uma aliança no dedo, ou por terem um namorado rico. Mas essas coisas não podem ser a ambição de uma mulher. Então, a música fala desse tipo de garota. Mas são tantas que nem sei".

Em seguida, Amy muda para um jazz delicioso e discreto com "I Heard Love Is Blind". A guitarra, a flauta, o toque da bateria e os tons do baixo servem de apoio, sustentam seus notáveis vocais. Outra canção do tipo "o amor me machucou", que não dura mais que dois minutos, tem um toque espontâneo, angustiado. A letra parece crua, franca demais, é sobre uma cantora tentando limpar a ferida de um coração partido imediatamente antes que infeccione. É Amy Winehouse fazendo o que faz melhor: canalizar a imediação da tristeza do momento e da crise atual em excelente música. Agindo no ato, lançando o relato de um diário particular na própria música. É sua cândida fraseologia que desvia dos clichês da música pop, segundo os quais o amor é o campo de batalha derradeiro, é sua visão feminina do romance. Sua música é diferente. Não é lamentação nem flagelo. Não é suave nem passiva. Algumas músicas afirmam com agressividade as opiniões de uma jovem em busca do amor e da diversão em Londres nos primeiros dias do século XXI.

A faixa seis, "Moody's Mood For Love", uma amostra alegre de reggae/dancehall com todas as marcas do bom reggae de Earl Chinna Smith e o baixo pesado do próprio Salaam Remi, tem um invólucro do jazz de qualidade popularizado pela versão de King Pleasure, em 1952, com um clima relaxante, eco da bateria da época dos clássicos *dub*. A voz de Amy se entrelaça lindamente com o *backing* de Fujita e improvisa com maestria, estendendo versos de dupla duração. A música finaliza, culminando com um toque de jazz e um gostoso sax.

"(There is) No Greater Love" começa como se fosse Billie Holiday arrastada para o ano de 2003. Presença do bom jazz de 1936 do compositor/líder de banda Isham Jones e

Mary Symes, com barulho de grilos ao fundo, flauta, um baixo discreto, piano e uma guitarra harmoniosa. Clima de meia-noite, com certeza, com Amy cantando por cima, como se tivesse um pé nos anos 40 e outro na Jamaica de 2003. A canção é um *sketch*, assim como "Moody's Mood For Love", e a equipe de produção respeitou o talento de Amy para excelência espontânea. A música também faz uma inteligente referência ao som de Norah Jones/Jamie Cullum da época, enquanto apela fortemente para o conteúdo e o som ao gosto dos fãs da música negra americana.

Em seguida, vem o compasso de "In My Bed", com referências ao som triphop de Portishead/Tricky, além da pulsante magia hip hop de Wu-Tang Clan. Em termos vocais, o lado jazz de Amy Winehouse fica guardado e vem à frente a Amy Winehouse que gosta da música de Lauryn Hill e Erykah Badu. As referências ao soul dos anos 70, as *backing* no coro e a melodiosa flauta inserida em meio ao baixo e à bateria, além do tipo de guitarra reggae, fazem você sentir que está ouvindo um disco típico do Massive Attack. A letra parece ser outra história de guerra de relacionamentos, mas dessa vez é a advertência severa de uma mulher ao seu ex-amante, dizendo-lhe que, embora os dois tenham ido para a cama novamente, não significa que estão juntos de novo. Foi só uma diversão, um velho conforto, fácil porque os dois sabem que é fácil, mesmo que de manhã tudo esteja atrapalhado como já estava.

A nona faixa do disco, "Take The Box", é a principal canção de amor do álbum; uma clássica música de separação, sobre fazer as malas e mandar um amante embora. É a canção mais próxima do pop no disco, parte do *backing*, por exemplo, combinaria com um *single* de All Saints. A letra é outra história de Amy Winehouse com a maior franqueza possível: repleta de comentários contemporâneos, exclamações e gírias. É a história de uma relação rompida, contada como uma espécie de resposta de uma moça do norte de Londres a *Sex And The City*. Assim como muitas outras faixas do álbum, esta traz os incríveis registros emocionais que a voz de Amy é capaz de alcançar.

"October Song", outra faixa que começa com um toque de Lauryn Hill/Caribe/soul/R&B, conta a história da morte do canário de Amy. Sua voz atinge as alturas, lembrando Macy Gray e a artista americana de R&B Lina, influenciada por Billie Holiday. Uma canção metafórica de cor e potência. A voz de Amy se eleva sobre a banda, lembrando o ouvinte de que esse é um álbum de voz, interpretação vocal, estilo vocal, é um trabalho de cantora, acima de todo o resto.

A brincadeira com o prato no começo de "What Is It About Men" anuncia a entrada da banda em um estilo anos 70, como Lenny Kravitz/Lauryn Hill. Há sabores dos Rolling Stones ("Fool To Cry"), Bob Marley (experimente tocar "I Shot the Sheriff" à meia velocidade e curta a comparação entre esse clássico e "What Is It About Men"), The Afghan Wings (na mistura de rock branco/soul negro) e os sons modernos da guitarra de R&B de Macy Gray.

Uma das faixas mais contagiantes do álbum, a carta de amor embalada pelos metais em "Help Yourself" começa com ritmos de reggae, maracas trêmulas, seguida de guitarra acústica, baixo pesado e as batidas surdas na caixa da bateria, deixando Amy falar diretamente com seu amor. O trompete é uma referência às grandes bandas de jazz, enquanto Amy de novo se queixa a um namorado. Apesar de tratar o amor com tom de seriedade, de uma jovem dizendo a seu parceiro de 25 anos que "se ligue", a canção é incrivelmente alto astral, positiva. É uma canção que literalmente salta para o fim, perseguindo despreocupada uma batida indolente com o desapego discreto que você normalmente associa às músicas de Lou Reed com toque de soul.

A última faixa, "Amy Amy Amy", entra com extravagância como uma canção de Tom Waits sobre a boemia ou o cabaré divertido. O acompanhamento do contrabaixo e a bateria inebriante embelezam o ritmo enquanto Amy relata sua história, acompanhada pelo trompete. É uma canção à la Bilie Holiday/Nina Simone, sedutora, insinuando desejo; as letras e o ritmo fazem leves alusões a "Fever". Embora não pareça uma apresentação regada a gim em um clube de jazz de Nova York dos anos 30, a letra mais uma vez fala da vida amorosa contemporânea de uma jovem londrina, com referências ao seu objeto de afeição usando jeans Diesel, fixando a canção firmemente nos tempos modernos.

O álbum termina com "Amy Amy Amy (Outro)", uma faixa de jazz improvisado permeando os vestígios de "Amy Amy Amy". O MC encerra o álbum, como se o ouvinte assistisse a uma apresentação de uma diva do jazz/soul. Após alguns segundos de silêncio, "Amy Amy Amy (Outro)" entra em uma atmosfera de soul/jazz, com toques subjacentes de algo que lembra uma bateria eletrônica. Tem a marca de Sade, um som melancólico suave. Logo em seguida, entra outra batida inspirada em um clássico de soul, com Amy cantando acima dos trompetes e da guitarra. O álbum termina não oficialmente com a faixa oculta "Mr Magic" com os metais se elevando.

Capítulo 5

Made You Look
Fiz você olhar

Naquele verão, enquanto Remi e Gordon faziam sua mágica com o álbum de estreia de Amy, ela encontrava sua voz ao vivo. Paul Franklin, da Helter Skelter, a divisão de eventos do grupo Sanctuary, procurou Christian Barnes da 4stickslive e marcou para Amy três apresentações no Cobden, Kensal Road, na região oeste de Londres. Barnes, promotor, escutou a demo de Amy e acertou o primeiro show para 22 de julho de 2003. Ela foi sozinha, acompanhada de violão, como fizera nas apresentações em *pubs* no ano anterior. A noite estava programada especificamente para artistas emergentes.

"Os eventos que promovo", explica Barnes, "são mais para quem já está ganhando algum destaque e elevar ainda mais aqueles com potencial. Alguns nomes são, por exemplo, Tom Baxter, KT Tunstall, Anna Krantz, Duke Special e Ben's Brother. Os gêneros são muito ecléticos, mas tento combiná-los como posso. Punk e hard rock não entram".

Um mês depois, em 11 de agosto, Amy tocou de novo no Cobden, dessa vez com uma banda completa. As coisas mudavam rapidamente e seu som se desenvolvia e crescia, enquanto ela planejava colocar *Frank* na estrada. Levando em conta que a noite estava programada para artistas e bandas emergentes, será que Barnes se lembra dela como uma dos que atingiriam o sucesso?

"Vimos milhares de artistas no Cobden nos últimos quatro anos. Para nos lembrarmos de uma apresentação específica ela deve ser especial. Amy pertence a essa categoria. Ela era muito tímida e não falava muito de si, mas quando soltou sua agora famosa voz, algo especial aconteceu no local. Ainda não tinha uma canção de sucesso como "Rehab" na época, mas sempre teve a voz.

O terceiro foi em 1º de setembro de 2003, seis semanas e pouco após o lançamento de *Frank*. Dessa vez, era Amy e seu violão, acompanhada de um tecladista. A essa altura, já havia uma comoção. Barnes, que não sabia que Amy era contratada da Island quando Franklin o procurou, sabia, sem dúvida, que as coisas já progrediam para a jovem cantora.

"Se ela aprendeu alguma coisa tocando no Cobden, foi como atrair as pessoas usando apenas sua voz", diz Barnes, "Na época, eu não sabia de seu contrato e não esperava que fosse uma estrela pop, mas logo depois daquele show começaram a aparecer os cartazes de *Frank*. Com isso, as apresentações dela no clube ganharam destaque. Foram as últimas dela como artista anônima e, quando penso naqueles dias, estávamos realmente vendo-a desabrochar como a artista ao vivo que conhecemos agora".

Na plateia estava Annie Lennox, sua futura fã. "Por pura coincidência", recorda Barnes, "Annie Lennox foi ao clube na noite do último show de Amy conosco. Na época, ela estava gravando em um estúdio que ficava na mesma rua e foi conhecer o lugar."

Annie Lennox disse ao *The Times* em 2007 qual foi sua impressão da jovem artista que se apresentou naquela noite. "Fiquei completamente deslumbrada", disse a ex-vocalista dos Eutythimics. "Parecia uma artista com 30 e poucos anos, com talento maduro, nada insegura. Fiquei fascinada. Pensei, puxa, você tem um talento especial. Deus do céu, você só tem 18 anos, de onde vem isso?"

Chegou outubro, o momento em que as gravações de estreia de Amy chegariam às lojas de discos. Em 6 de outubro, a Island lançou seu primeiro *single*, "Stronger Than Me", acompanhado de "What It Is", que não estava no álbum, e um remix de "Take The Box" como faixa bônus.

A capa do *single*, como a do álbum, mostrava uma Amy bastante descontraída, sentada, com os cabelos compridos caindo sobre os ombros, usando uma blusa rosa e uma saia colorida estilo havaiana. Um visual natural, destacando Amy como uma pessoa real, com quem seria fácil de se identificar, uma imagem com o intuito de refletir o elemento descomplicado, do tipo "é isso que você está vendo" da letra da canção.

Com a ajuda do peso do selo, "Stronger Than Me" arrebanhou uma série de críticas positivas de críticos fascinados, mas, apesar disso, não vendou muito bem nem muito rápido e alcançou a posição 71 na lista dos *singles* do Reino Unido.

O álbum *Frank* saiu duas semanas depois e lançou Amy no cenário musical britânico preocupado com um *revival* de jazz chamado de jovem, ou Neo Jazz. Por causa de sua paixão pelo jazz e das inclinações do álbum para esse tipo de música, Amy se viu no mesmo caminho de Jamie Cullum, Katie Melua (que também frequentou a escola BRIT) e Norah Jones, todos queridinhos do bem-sucedido híbrido de jazz-fácil-de-ouvir-e-pop.

A paisagem sônica de *Frank*, calorosa, jazzística, discreta, mas com um som urbano nítido, na verdade diferenciava Amy de Cullum, Melua e Jones. Na época, porém, por causa de suas declarações de amor pelas lendas do jazz da velha escola, tais como Ella Fitzgerald, Billie Holiday e Sarah Vaughan, em todas as entrevistas, os críticos não hesitaram em incluí-la na mesma categoria do trio de cantores em evolução, todos os quais, principalmente Norah Jones, já alcançaram certa dose de sucesso. Claro que havia paralelos, embora as letras de Amy em *Frank* fossem mais ousadas e sugerissem unhas sujas e marcas de batom.

Após o sucesso do álbum de estreia, *Pointless Nostalgic*, de 2002, e dos comentários favoráveis sobre seus shows, Jamie Cullum se viu sob os holofotes quando assinou contrato com a Universal Classics & Jazz. Seu segundo álbum, *Twentysomething*, caracterizado por seu sussurrar suave, jazz retrô combinado com tons jazzísticos e pop fáceis de escutar, foi lançado em 20 de outubro de 2003 no mesmo dia de *Frank* e logo se tornou um sucesso estrondoso.

Provavelmente foi intencional o lançamento dos dois álbuns no mesmo dia. Amy e Cullum eram dois artistas jovens, ela com 19 anos e ele com 24, ambos apaixonados pelo jazz, britânicos e interessados também em blues, hip hop, soul e R&B. Era inevitável que os críticos falassem dos dois juntos, e com isso o departamento de publicidade da Island garantia que, no mínimo, o álbum de estreia de Amy não fosse ignorado.

O *The Daily Telegraph* publicou uma matéria especial naquele mês falando sobre o futuro sucesso garantido do álbum de Cullum, considerando também o modo como ele e Amy se enquadravam no espírito do novo jazz. Cullum disse ao jornal: "O que estou fazendo não é jazz puro. Na verdade, não faço distinções entre gêneros, algo que que acontece na *dance music*, em que tudo se mixa. Cresci ouvindo pop, rock, indie, dance, hip hop, e o que fascina no jazz é que você pode mesclar todas essas influências em uma única". A matéria também abordava Norah Jones e Amy Winehouse: "O sucesso global de Norah Jones trouxe o *crossover jazz* de volta à mira da indústria da música. Outra importante contratada britânica da Universal este ano, Amy Winehouse, também oferece uma jornada contemporânea ao jazz e ao soul".

Norah Jones, enquanto isso, chegou primeiro. Seu álbum de estreia de tremendo sucesso, *Come Away With Me*, fora lançado em fevereiro de 2002 pela Blue Note, uma gravadora de classe com uma longa tradição de excelência na área do jazz. O álbum apresentava Jones como uma diva pop com sabor de soul, fácil de ouvir, sua música conduzida pelo piano vinha com um toque um pouco maior de soul nas texturas íntimas do que o álbum multimilionário de Carole King, *Tapestry*, de 1971. Norah Jones é a bela filha da lenda indiana da cítara,

Ravi Shankar, e a cobertura por parte da mídia sobre suas origens lhe garantiram a dianteira sobre Cullum e Amy. Mas eles tinham muito em comum, para começar, o gosto por Billie Holiday, uma influência-chave no estilo vocal soul, inebriante, de Jones.

De um modo geral, *Frank* foi muito bem recebido. O jornal *The Guardian*, por exemplo, disse: "Winehouse parece já ter se apresentado mil vezes em clubes de jazz esfumaçados. Algo entre Nina Simone e Erykah Badu, o som de Winehouse é ao mesmo tempo inocente e pecaminoso". A crítica citava "Take The Box" como a "faixa de destaque" no álbum, descrevendo-a como "uma história emocionante de alguém que devolve as coisas de um ex-amante". Já a crítica do *The Times* afirmava: "Winehouse canalizou uma adolescência imersa em jazz, soul e hip hop em um híbrido encantador com uma dívida com todos os nomes musicais certos do passado, ao mesmo tempo em que mantém um som emocionantemente novo. Não foi à toa que a Island ficou de ouvidos ligados". O *The Daily Telegraph* disse: "A norte-londrina Winehouse, 19, compõe como Cole Porter, canta como Billie Holiday, joga sinuca como um profissional".

Em sua crítica, o jornal *The Jewish Chronicle* enfocou a juventude da artista, descrevendo o álbum como "um trabalho surpreendente" para a estreia de uma pessoa tão jovem. O crítico mencionou que Winehouse foi rotulada como "uma adolescente judia de língua afiada, natural de Camden", mas acrescentou que, em sua opinião, o álbum parecia "mais o trabalho de uma adolescente judia do Bronx, mergulhada no catálogo de Sarah Vaughan". Ele deu destaque para "o estilo vocal rouco [de Amy] e suas letras", apontando para o fato de oscilarem entre "o jazz tocado nas madrugadas e uma batida envolvente e lânguida, não é à toa que ela cita Dinah Washington e os Beastie Boys no encarte do álbum". Assim como outros críticos que comentaram a respeito do álbum, ele viu o risco de ele receber o rótulo de jazz das madrugadas, deixando Winehouse no mesmo patamar de uma cantora como Sade, mas concluiu que com canções como "Fuck Me Pumps", isso seria um tanto improvável.

Poucas semanas depois de *Twentysomething* e *Frank* foi lançado o álbum de estreia de outra cantora de 19 anos, com leves propensões semelhantes de pop com jazz: Katie Melua. Ela ganhara atenção pela primeira vez no verão de 2003 com seu primeiro *single*: "The Closest Thing To Crazy", que foi bem recebido pela BBC Radio 2 e entrou na décima posição da parada. Assim como Winehouse, Melua frequentou a BRIT School for the Performing Arts and Technology. Seu álbum de estreia, *Call Off The Search*, foi produzido (e parcialmente composto) por Mike Batt e lançado como trabalho independente de seu selo Dramatico, em 3 de novembro, só duas semanas depois de *Frank* e do álbum de Cullum. *Call Off The Search* decolou rapidamente e chegou à primeira posição na parada de discos em janeiro de 2004. Sempre de olho nos selos das gravadoras, os críticos já identificaram um novo movimento que chamaram de "pop jazz", pois os discos nessa categoria vendiam rápido entre os compradores britânicos.

Melua refletiu depois nesse movimento, dizendo em uma entrevista ao OHM.com: "Pessoas como eu, Jamie, Nora (Jones) e Amy Winehouse, é triste dizer isso, mas pessoas como nós sempre existiram, só que o momento certo de entrarmos na onda foi agora, porque era o que o público queria e precisava".

No Dia das Bruxas de 2003, o *The Jewish Chronicle* publicou uma matéria sobre Amy. Era lógico por ela ser uma garota judia do norte de Londres e o *The Jewish Chronicle*, conhecido afetuosamente como JC pelos leitores, dedicava seu foco artístico ao trabalho de artistas judeus. O jornalista a apresentou da seguinte maneira: "Se você a visse na sinagoga, acharia que Amy Winehouse era uma típica garota judia do norte de Londres de uma família de classe média muito unida, mas sua impressão está errada". A matéria enfocava a idade de Amy, 20, destacando a posição precoce em que a "compositora encrenqueira" se encontrava . Quando lhe perguntaram como ela descreveria o som do álbum, Amy disse: "Meu som é muito baseado no jazz, com influência de hip hop e R&B. Minha voz parece de uma daquelas velhas cantoras de jazz". Ela explicou ao jornal que seus ídolos musicais eram Madonna e Grace Jones, Madonna porque 'não tem medo de se expressar sexualmente', e Jones porque 'não está nem aí'. Quanto às suas canções, ela disse que eram de inspiração pessoal e falavam predominantemente 'de relacionamento com homens. Tenho uma língua afiada, mas há humor, também. Se agrido meu namorado, agrido a mim mesma".

Em apoio ao álbum, Amy estava lá promovendo o disco ao vivo, pondo em ação a prática dos shows no Cobden. Na maioria das vezes, apesar das apresentações solo, ela apoiava Jamie Cullum, o que servia para alimentar a histeria do "new jazz" e classificar Amy ainda mais como contemporânea de Norah Jones e seu colega de turnê. Depois daqueles shows, no dia 13 de novembro ela abriu para Finley Quaye, no Shepherd's Bush Empire. O musicOHM.com estava lá e comentou o show dizendo: "A apresentação de Amy Winehouse foi prejudicada por problemas no som. A jovem promissora evidentemente tem uma voz poderosa, mas no show parecia áspera. Ela alcançava um tom mais agradável quando cantava em notas baixas em vez de gritar. Tanto a música, uma mistura de jazz, pop e funk com um toque de reggae, quanto a voz lembram uma Nelly Furtado cantando jazz. Entretanto, podia maneirar nos previsíveis solos de sax".

Em 24 de novembro, outra artista com uma voz poderosa de blues que não correspondia à sua idade lançou seu primeiro álbum. De fato, Joss Stone tinha apenas 16 anos na época de *The Soul Sessions*, uma mera neófita comparada com Amy. No segundo álbum de Stone,

Mind Body & Soul, ela trabalharia com Commissioner Gordon e Salaam Remi, os produtores por trás de *Frank* de Amy. Da noite para o dia, Stone, Winehouse e Melua formavam um grupo de três cantoras britânicas incrivelmente jovens cuja música apresentava uma maturidade emocionante.

Enquanto *Frank* decolava no Reino Unido e o ano de 2003 chegava ao fim, ainda não havia planos de lançá-lo nos Estados Unidos. A Island provavelmente decidira que era melhor começar em casa, ver o desempenho das vendas antes do grande salto para o mercado americano incrivelmente complexo e geralmente bizarro. Apesar da produção de Gordon/Remi e da forte referência de jazz e blues da América, combinada com um óbvio som contemporâneo urbano, a gravadora relutava em investir na tentativa de levar Amy para o outro lado do Atlântico naquele ponto de sua carreira.

Em casa, Amy se viu forçada a rechaçar as afirmações de que ela seria a mais recente criação do "pop svengali" de Simon Fuller. Afinal, foi ele quem lançou as Spice Girls em um mundo confiante, lançando depois o S Club 7, um septeto cuja música não era exatamente uma referência de integridade. Aliás, Amy foi forte em sua defesa e descartou qualquer associação com a cria pop de Fuller. Posteriormente, em 2007, ela explicaria ao *The Sunday Tribune* que seu relacionamento com Fuller era no mínimo tênue. "É importante deixar isso bem claro", ela disse. "Meu empresário era um sujeito chamado Nick Godwin, financiado por Simon Fuller. Vi Fuller literalmente uma vez só. Quando meu contrato expirou, fugi".

Em 5 de dezembro, Amy subiu ao palco em Bush Hall, um local relativamente íntimo com capacidade para apenas 350 pessoas, em Uxbridge Road, em Shepherd's Bush, no oeste de Londres. Seria sua primeira apresentação importante em Londres como atração principal e um passo adiante de Cobden, cuja capacidade máxima é de 300. A banda incluía um baterista, três metais, dois guitarristas (um dos quais alternava entre guitarra e teclado) e um baixista. A própria Amy tocava guitarra elétrica e acústica. Por causa de todo o burburinho em torno de *Frank*, havia repórteres de toda a mídia britânica. O crítico do *The Guardian* reflete: "Seu primeiro grande show exclusivo em Londres foi um tanto confuso no começo, Winehouse e os metais brigaram por espaço no palco minúsculo e, quando parecia se perder em determinado momento, ela grunhia, *Come on!*" A crítica, porém, termina de um modo favorável, dizendo: "Winehouse é a própria definição de potencial. Ainda precisa crescer antes de se equiparar a Erykah Badu, a quem ela é muito comparada, em termos de emoção e técnica, mas vai evoluir, sem dúvida". O *The Times* também estava presente, mas seu crítico não se convenceu com o show, comentando: "Faltou um pouco da leveza das madrugadas de *Frank*, talvez porque Winehouse estivesse nervosa ou porque fosse difícil ouvir suas letras mais atrevidas – seus comentários mordazes sobre os homens é uma parte valiosa do álbum".

Apesar do interesse pelo modismo inspirado pelo new jazz daquele ano, só Norah Jones chegou ao topo da lista dos álbuns mais vendidos de 2003 no Reino Unido junto com *Life For Rent* de Dido, *Justified* de Justin Timberlake, *Stripped* de Christina Aguilera e *Gotta get Thru This* de Daniel Bedingfield. Embora *Frank* alcançasse o 13º lugar na lista, em 2003 a situação ainda era diferente. As vendas não tinham aquecido ainda, embora o álbum fosse bem recebido pela crítica, sempre focada em Amy como artista de personalidade forte, com uma voz deslumbrante e letras duras e ousadas. Isso ocorria provavelmente porque *Frank* não era fácil de ouvir como o álbum de estreia de Norah Jones, o segundo álbum de Jamie Cullum ou ainda o de estreia de Katie Melua. Todos estes eram o tipo de disco que podia servir tranquilamente como música de fundo, acompanhamento em jantares sem atrapalhar as conversas. *Frank*, por outro lado, era uma proposta muito mais ousada, uma mistura eclética de jazz, blues, soul, reggae e hip hop, e suas letras eram afirmações realistas, pesadas, principalmente no caso de "Fuck Me Pumps". Era difícil imaginar Norah Jones ou Katie Melua pronunciando tamanha obscenidade, o que no caso de *Frank* fez com que a caixa do CD contivesse um adesivo com advertência aos pais. As canções em si, embora memoráveis, não contêm nada dos refrões pop característicos das criações de Simon Fuller. Aliás, às vezes é difícil escutar o álbum; por isso, não seria uma venda fácil para a Island e talvez por isso que a gravadora demorou a lançá-lo no mercado americano. Com tantas arestas a aparar, tantas mudanças descomprometidas de acordes e letras tão picantes, o álbum não ganharia tanto espaço nas rádios americanas como se esperaria de uma Norah Jones. Assim, enquanto entrava o ano de 2004, Amy podia se refestelar na reação crítica a *Frank*, embora ainda tivesse um longo caminho a percorrer. Ela ganhava atenção, mas, em geral, a classe média da Inglaterra não tinha ideia de quem era Amy Winehouse.

***

Na entrada de 2004, Amy decidiu que já estava farta de ser inserida no movimento do neo jazz e resolveu se declarar independente. Em uma entrevista à music OMH.com, ela desferiu um ataque furioso contra aqueles que a comparavam com Jamie Cullum, Norah Jones e Katie Melua. "As pessoas nos agrupam porque fomos lançados na mesma época, mas não somos nada parecidos. Sinto-me mal por Jamie ser agrupado comigo e com ela (Melua). Sou compositora, ela não é, outros compõem para ela. Ele deve se sentir frustrado. Para ela, é uma baita sorte. Se um dos três se destaca dos outros, é ela. Porque ela não compõe as músicas que canta. Ela não canta músicas antigas, como Jamie, canta músicas novas de merda que o empresário escreve".

O desabafo coincidiu com o lançamento do segundo *single* de *Frank*, "Take The Box", lançado pela Island em 12 de janeiro de 2004. Com mais uma capa insípida, um perfil de Amy do busto para cima, visando a um público-alvo indiscriminado, era claro que a gravadora ainda não sabia como comercializá-la. Com um desempenho de venda melhor que "Stronger Than Me", "Take The Box" alcançou a posição 57 na listas de *singles* no Reino Unido. Acompanhado de "Round Midnight" e uma versão ao vivo de "Stronger Than Me", o disco, embora ainda não fosse o sucesso que talvez a Island esperava, já indicava, porém, uma mudança para melhor na sorte de Amy.

Em 23 de janeiro, o *The Jewish Chronicle* publicou uma matéria falando da rápida ascensão de Amy à fama, mencionando também a próxima cerimônia do BRIT Awards, marcada para 17 de fevereiro. A matéria, diferente do perfil apresentado no Dia das Bruxas, pegou carona na história de sucesso de Amy Winehouse, perguntando: "Ela não é conhecida como um pouco extravagante?", para em seguida taxá-la como "uma garota do rock com tatuagem, boca suja e atitude".

Em fevereiro, *The Independent* fez uma sessão de perguntas e respostas com Amy. Quando lhe perguntaram sobre suas duas indicações para o *BRIT Awards* (melhor apresentação urbana/ melhor artista solo britânica), sua resposta foi um ataque ao conceito de caminho rápido para a fama, consequência da imensa popularidade do show de TV, *Pop Idol*, lançado em 2001. "Eu nunca quis nada disso, essa é a verdade", ela afirmou. "Por mim, ficaria feliz em cantar com uma banda cover pelo resto da vida. Não teria feito aqueles shows em um milhão, um bilhão de anos, porque acho que a musicalidade não é uma coisa que as pessoas devem julgar em você. Música é uma coisa que você tem dentro de si". Ela também expressou seu cansaço com a máquina publicitária da indústria musical, declarando: "Dei a eles muito controle. Fiz música porque é o que sei fazer, mas para o lado promocional saí do caminho e pensei: 'tenho que confiar neles', porque nunca tinha feito isso antes. Foi meu maior erro. Eles só sabem fazer o que sempre foi feito e não gosto de fazer isso . Não quero, jamais, fazer algo medíocre. Aprender com a música é como fazer uma refeição. Você precisa achar um ritmo. Não pode ingerir tudo de uma vez. Eu quero ser diferente, com certeza. Não sou um pônei que só aprende um truque. Aprendo pelo menos cinco".

Essa entrevista na *The Independent* anunciava a aparição de Amy Winehouse como uma entrevistada opiniosa. Em uma era de entrevistas insípidas, autopromocionais, eram a ordem do dia, quando os publicistas exigem uma notificação escrita de todas as perguntas que seriam feitas e tiravam o entrevistado da arena se o assunto se desviasse do programado, as palavras de Amy eram uma agradável amostra de realidade. A partir de então, Amy passou a dizer exatamente o que pensava, mostrando ser filha de pais com ideias e línguas afiadas. Não media as palavras nem guardava para si suas opiniões. Se ela pensava algo, dizia, independentemente de quantos calos fossem pisados. Essa franqueza se tornaria parte de sua marca registrada: uma mulher forte com uma bela voz e muito a dizer.

Em 5 e 6 de março, Amy fez duas apresentações no clube de jazz Pizza Express, em Soho, Londres. Não cantou com sua banda costumeira, mas com o The Bradley Webb Trio. Sem o usual acompanhamento de violão, ela cantou um mix de suas próprias canções e mais uma série de covers. O pai de Amy, Mitch, subiu ao palco em determinado momento e fez um cover de Frank Sinatra. De acordo com a crítica do *The Telegraph*, "Mitch não parecia impressionado com algumas desventuras do trio. Com o tom típico de ameaça de um vilão de *EastEnders*, ele fez uma pausa em seu número e perguntou ao pianista: "Isso foi uma ligação ou você está improvisando como sempre?"

* * *

Chegava a primavera, e o disco favorito de Amy no momento era *Speakerboxx/The Love Below*, do Outkast. O álbum duplo trazia um disco solo de cada membro da dupla de hip hop de Atlanta. O som de Amy também tocava, segundo uma entrevista ao *The Guardian*, Thelonius Monk, Minnie Riperton, Miles Davis e Dinah Washington.

"Amo a Dinah", disse Amy, "porque ela canta a música com vida, não apenas por cantar do começo ao fim, e é capaz de cantar velhos clássicos em um estilo gospel e partir depois para um blues e matar todo mundo na plateia".

O *The Guardian* observou também parte do entulho que abarrotava seu apartamento em Camden, onde foi feita a entrevista: uma almofada decorada com uma foto de Patrick Swayze da época de *Dirty Dancing*, um secador de cabelo, um espelho, um buraco no teto da sala de estar que precisa de reparos urgentes e uma pilha de vídeos e DVDs que incluía *Caminhos perigosos*, de Martin Scorsese (talvez venha daí a obsessão por The Ronettes que daria o foco central a *Back To Black*, na cena do bar em Scorsese toca "Be My Baby"), *A felicidade não se compra*, de Frank Capra (sempre no topo das listas de filmes deprimentes) e *Olhe quem está falando também*, de Amy Heckerling.

Descrevendo o perfil de Amy em fevereiro de 2004, o jornal *The Independent* teorizava de novo que o sucesso dela era subproduto da ascensão colossal de Norah Jones como artista em 2003. "Alguns dizem que se não fosse pelo sucesso estrondoso de Norah Jones, uma artista como a nova sensação britânica, Amy Winehouse não poderia existir. Jones abriu novos horizontes para uma música sutil, comovente e sofisticada referindo-se à herança clássica do jazz e, ao mesmo tempo, moderna e de mente aberta para adotar o pop, country e o hip hop. Mas embora seja um refúgio para o público horrorizado de tanto ouvir o nu-metal (novo metal) e levado à apatia pelo pop pré-fabricado, Norah Jones não é ousada o suficiente para quem quer um jazz arriscado e avançado". Aí é que entra Amy Winehouse, cujo som de jazz tinha essas duas qualidades. Apesar da crescente aclamação da crítica, as vendas de Frank continuavam modestas, enquanto o álbum de Norah Jones vendia cada vez mais.

No BRIT Awards, em 17 de fevereiro, apesar de duas indicações e grande esperança por parte de todos na área de Amy, ela não ganhou nada. Na categoria de melhor cantora britânica, Amy, Sophie Ellis Bextor, Jamelia e Annie Lennox perderam para Dido, e na categoria de melhor urbana britânica, Amy, Mis-Teeq, Dizzee Rascal e Big Brovas perderam para Lemar.

Em 5 de abril, a Island, sem dúvida esperando ainda aquela canção elusiva de sucesso, lançou um terceiro *single* de *Frank*. Era um lado A duplo com "In My Bed" e "You Sent Me Flying". O CD vinha também com "Best Friend". Pela primeira vez, a imagem da capa tinha certa semelhança com a artista Amy Winehouse. Agachada, usando um vestido de verão, com uma mão na testa, aparentava ter sido pega pelo fotógrafo em um momento contemplativo, a capa realmente tinha ligação com a música. Em contraposição com uma cena de cidade ao fundo, os cabelos longos e esvoaçantes e a expressão soturna lhe davam o aspecto de uma jovem urbana entristecida. Apesar de um recurso visual melhor e da investida do lado A duplo no rádio, foi outro fracasso e não passou da 60ª posição nas listas do Reino Unido, três abaixo de "Take The Box".

Entretanto, com três *singles* de *Frank* já lançados, Amy se sentia mais confiante em sua independência como artista e cada vez mais distante da ideia da mídia de que ela, Katie Melua, Norah Jones e Jamie Cullum operavam todos na mesma frequência fácil e rápida do jazz-pop. "Acho que à medida que meu trabalho se torna conhecido, as pessoas começam a perceber que tenho uma classe própria", ela disse ao *The Independent* naquele mês: "Sou diferente. Não me gabo de ser uma supercantora. Gabo-me, sim, de ser única e compor a música que gosto de ouvir. É isso que me move".

Certa de seu rumo, ela embarcou em sua primeira turnê solo (cujos ingressos se esgotaram) em 21 de abril, no Cottier Theatre, em Glasgow. Comentando o show, o jornal *The Scotsman* declarou: "Infelizmente, durante a apresentação a maioria de suas canções ficou sob uma camada padronizada de jazz-funk, o que já seria entediante por cinco minutos, que dirá em uma hora e cinco minutos e o tom maduro, rico de Amy foi prejudicado pelo estilo vocal escolhido por ela". A crítica ficou cada vez mais severa, desferindo um golpe bem baixo: "Winehouse exagerou no vocal, cantando como nada mais que um aspirante competente do *Pop Idol*, confundindo uma interpretação sofisticada e inspirada com acrobacia. Quando terminou de destruir todas as músicas, se havia qualquer presença de melodia, já tinha sido exterminada". Podia ter parado aí, mas o crítico resolveu esfaquear também o estilo das letras de Amy: "Quanto às cândidas revelações em suas letras, o público engoliu aquela do canário morto".

De Glasgow a turnê seguiu para: Universidade de Northumbria, Liverpool Academy, Manchester Academy 2, Nottingham Rescue Rooms, Leeds Cockpit, Norwich Waterfront, Bristol Anson Rooms, Brighton Concorde, The Warwick Arts Centre Norwich e, por fim, em 3 de maio, o Shepherd's Bush Empire, em Londres, dessa vez ganhando manchetes. No fim da turnê, Amy apareceu ao lado de Jaz Z, Mos Def, The Streets, Beyoncé, Dizzee Rascal e Alicia Keys no Prince's Trust Urban Music Festival, realizado na Earl Court's Arena, em Londres, no fim de semana de 8 e 9 de maio.

Em 27 de maio, a 49ª cerimônia anual do Ivor Novello Awards foi realizada no Grosvenor House Hotel, região central de Londres, e Amy fora indicada para a categoria de Melhor Canção Contemporânea com "Stronger Than Me". Ela concorria com Dizzee Rascal, por "Jus' A Rascal" e Kylie Minogue, por "Slow". O evento premia as melhores composições britânicas em letra e música e ao contrário da BRIT Awards, Amy ganhou dessa vez.

No discurso de agradecimento, Amy disse apenas: "Preciso escrever com franqueza sobre as coisas que acontecem comigo, e espero que as pessoas se identifiquem com isso". Ela estava felicíssima com o reconhecimento de seu trabalho e, no dia seguinte, as vendas de *Frank* explodiram. No fim daquele mês, o álbum vendeu 200 mil cópias no Reino Unido e alcançou o 13º lugar na lista.

As indicações para prêmios continuaram. Amy foi indicada para o Mercury Music Award de 2004 o melhor álbum e também em duas categorias no MOBO Awards de 2004: Melhor de Jazz (com Jamie Cullum, Norah Jones, Denys Baptiste e Keb' Mo') e Melhor Número Britânico do Ano (com Dizzee Rascal, Jamelia, Lemar, Joss Stone e The Streets). Ela ficou maravilhada porque as indicações para o MOBO significavam que sua música atingia um público negro, como ela queria. Como, por questão de escolha, ela ouvia pouquíssima música que não fosse de origem negra, as indicações para o MOBO a emocionavam profundamente.

No fim de junho, Amy apresentou-se pela primeira vez no festival de Glastonbury, cantando no palco do Jazz World. No sábado (o festival é realizado em um fim de semana com três dias, sexta a domingo), Joss Stone e Jamie Cullum apresentaram-se no mesmo palco. Amy apresentou-se no domingo, 27 de junho, depois de Mikey Dread. Foi seguida por Bonnie Raitt e Roy Ayers, a lenda do The Soft Machine.

Aproveitando a temporada de festivais de verão, Amy apresentou-se também no T In The Park, no fim de semana de 10 e 11 de julho. Fez seu show no palco King Tut's tent no domingo, com Orbital e Snow Patrol, e em 15 de agosto apresentou-se também no Summer Sundae Weekender, em Leicester, ao lado de atrações como Air e Super Furry Animals. No V Festival, no fim de semana de 18 e 19 agosto, ela cantou na JJB/Puma Arena, dividindo o palco com Jamelia, Kelis e Basement Jaxx.

Na onda de todas essas apresentações de Amy em festivais e da animação pelas indicações para prêmios, a Island lançou um quarto e último *single* de *Frank*, "Fuck Me Pumps", que recebeu outro título, "Pumps", em 23 de agosto. Assim como foi com o terceiro *single*, a gravadora optou por um lado A duplo, com "Pumps" e "Help Yourself", acompanhadas de uma versão ao vivo de "There Is No Greater Love". A capa seguia a imagem retratada no *single* anterior, apresentando Amy finalmente como diva: sentada, com as pernas cruzadas, grandes brincos de argola, olhando direto para a câmera, passando as mãos no cabelo. Uma cena clássica de uma pose de filme, evocando o fantasma de Marilyn Monroe ou de uma Sophia Loren jovem. Dez meses após *Frank* chegar às lojas, o marketing já engrenava. A Amy da capa olhava para o observador sensual, pensativa e forte. A música combinava com a imagem. Entretanto, apesar das promissoras apresentações e do número crescente de indicações, o *single* também não conseguiu deixar uma marca nos Top 40, não passando da posição 65 na parada.

Na primeira semana de setembro, Amy tocou "Take The Box" no Mercury Music Prize Awards. Ela fora indicada, claro, para prêmio, que concederia ao vencedor um cheque de £20.000. Os outros concorrentes eram Franz Ferdinand, The Streets, The Zutons, Keane, Snow Patrol, Basement Jaxx, Joss Stone, Belle & Sebastian, Jamelia, Robert Wyatt e Ty. O vultoso cheque ficou com Franz Ferdinand pelo álbum com o próprio título.

Em 30 de setembro, na cerimônia do MOBO Awards, no Royal Albert Hall, região central de Londres, Amy esperou com os dentes cerrados para ver se suas indicações dariam fruto. Infelizmente, foi uma repetição do BRIT Awards e ela perdeu as duas. O Melhor Número de Jazz foi para Jamie Cullum e o Melhor Número Britânico foi dividido entre Jamelia e Dizzee Rascal.

Para terminar um ano agitado, durante o qual ela fizera de tudo para construir um nome e uma reputação no Reino Unido, Amy iniciou uma segunda turnê, começando pelo Liquid Room em Newcastle, em 4 de novembro. Em seguida, apresentou-se em: Liverpool Academy, The Sheffield Octagon, Newcastle Northumbria University, Nottingham Rock City, University of East Anglia em Norwich, The Carling Academy em Birmingham, Manchester Academy, The Folkestone Leas Cliff Hall, Bristol Academy e The Southampton Guidhall Terminou com um último show na London's Brixton Academy, em 19 de novembro.

Por fim, Amy voltou para casa, seu apartamento em Camden, para descansar após 13 meses frenéticos promovendo *Frank* e os quatro *singles* do álbum. Tanta coisa aconteceu em tão pouco tempo. Catorze meses antes, ela estava sentada no Cobden, uma artista emergente em todos os sentidos. E agora, pouco mais de um ano depois, passara em inúmeros testes, cantando para públicos de todos os tamanhos, fazendo vídeos, dando entrevistas, saindo em turnês, indo às rádios, posando para fotos. *Frank* estava a caminho de vender um quarto de um milhão de cópias no Reino Unido. As vendas aumentaram desde o Ivor Novello, mas não a ponto de a Island querer lançar o álbum nos Estados Unidos, onde grandes plateias, muito dinheiro e grande fama a aguardavam. Embora nenhum de seus *singles* tenha alcançado os Top 40, Amy Winehouse era um nome nos lábios de todo mundo.

Ela provou seu valor, investiu muito em *Frank* e deslumbrou números cada vez maiores de pessoas com aquela voz. E agora? A gravadora já pedia que ela começasse a trabalhar em um segundo álbum. Ela estaria pronta para começar a compor? Mas Amy queria uma folga. Precisava de inspiração, antes de compor outro álbum. Precisava de alguma coisa acontecendo na vida. De preferência, uma calamidade.

Claro que ela não tinha certeza absoluta de que precisaria de uma catástrofe para brilhar ao máximo como compositora, mas logo isso lhe ficaria muito claro de uma maneira pesada e devastadora. Mais do que qualquer coisa, ela queria espaço para respirar, para avaliar tudo o que se passara no decorrer de um ano. Alguns elementos em sua carreira não iam bem. Ela precisava entender quais eram. Quando conseguisse isso, o impacto das mudanças seria magnífico.

Capítulo 6

Love Me Or Leave Me
Ame-me ou deixe-me

No começo de 2004, Amy, já com 21 anos, estava no *pub* de seu bairro, o Hawley Arms, quando seu caminho se cruzou com o de um jovem rebelde, tatuado, quase dois anos mais velho que ela. Ele era uma espécie de assistente de produção de vídeos musicais chamado Blake Fielder-Civil. Segundo uma matéria posterior no *The Daily Mail*, Fielder-Civil também trabalhara como *barman* meio período e seu trabalho como assistente do vídeo incluía ajudar com a maquiagem e o cabelo para as filmagens. Assim como os pais de Amy, os dele eram divorciados. Seu pai, Lance Fielder, era um comerciante de 64 anos, aposentado, na época em que Blake e Amy se conheceram. Sua mãe, Georgette, na época com 40 anos, tinha um salão de cabeleireiro, e já se casara de novo fazia um bom tempo. O segundo marido de Georgette, Giles Civil, tinha 40 anos e era diretor de uma escola. O casal morava em Newark, Nottinghamshire, com seus dois filhos homens, adolescentes.

"Passo bastante tempo jogando sinuca e escutando música", disse Amy à *Rolling Stone* em 2007, quando lhe perguntaram a respeito do primeiro encontro dos dois no *pub*.

Amy e Blake entraram em um relacionamento intenso, porém breve. "Eu fumava erva demais", ela disse. "Acho que se você tem uma personalidade compulsiva, passa de um veneno para outro. Ele não fuma, então comecei a beber mais e fumar menos. Por causa disso, comecei a curtir mais as coisas".

O casal se encontrava no *pub*, os dois bebiam, fumavam cigarro, jogavam sinuca, ligavam a *jukebox* com suas músicas favoritas. Entre elas, para Amy, estava os velhos sucessos da Motown, clássicos do blues e do pop dos anos 60 de conjuntos femininos, como The Ronettes, The Shirelles e The Crystals.

"Quando me apaixonei por Blake, vivíamos cercados por músicas do anos 60", ela disse, acrescentando que ficara obcecada pelos dramas de relacionamento interpretados em pérolas mordazes de dois minutos como "My Boyfriend's Back" de The Angels; "Be My Baby" de The Ronettes, "Leader Of The Pack" de The Shangri-Las e "Then He Kissed Me" de The Crystals. Essas músicas ficariam arquivadas em seu filtro de inspiração e reapareceriam como forte influência em suas canções, no som e no visual de seu segundo álbum. Enquanto isso, o relacionamento dela com Blake era turbulento desde o início, como ela explicou ao *The Sun* em 2006: "Eu não deveria ter me envolvido com ele, porque ele já estava com outra".

Apesar da precariedade da ligação, o casal estava perdidamente apaixonado e os dois passavam o tempo todo juntos. Posteriormente, Amy diria ao *The Observer* que Blake era seu tipo ideal. "Se estou a fim de um cara, procuro um homem que tenha no mínimo 1,80 m de altura, cabelo preto, olhos escuros e muita tatuagem (ou seja, Blake)".

O relacionamento se arrastou por quase seis meses. Depois disso, as pressões externas acabaram com o amor e Blake e Amy se separaram. Amy ficou arrasada. Blake voltou para a antiga namorada. Amy começou a beber muito.

"Fiquei muito deprimida", ela contou ao *The Daily Record* em 2006. "Eu estava apaixonada por um cara e tudo acabou. Tudo por causa de escolhas erradas e equívocos. A culpa da separação foi de nós dois". Amargurada em casa, ela começou a escrever a respeito da dor. As canções começaram a se acumular, tomando a forma do que seria *Back To Black*.

"*Back to black* (de volta ao luto) significa o momento em que você termina um relacionamento", ela disse ao *The Sun* em 2006. "Quando você volta a fazer o que é confortável para você. Meu ex-namorado reatou com a outra namorada e eu voltei a beber e passar mal".

Além da dor da separação, Amy ainda precisou lidar com a pressão dos empresários e da gravadora para trabalhar no segundo álbum. Eles queriam que ela começasse a compor, entrasse em estúdio. Estavam preocupados com o surto de bebedeira após o rompimento com Blake. Os empresários sugeriram que ela "pegasse leve" na bebida. Amy não seguiu o conselho e continuou afogando as mágoas secretamente, escrevendo canções francas sobre separação. De repente, começou a perder peso. Sem a ver há algum tempo, seu empresário Nick Godwin ficou chocado ao vê-la tão magra.

"Com certeza, eu bebia demais", ela disse ao *The Daily Record*, na época do lançamento *Back To Black*. "Sempre tive boa tolerância ao álcool. Os estados em que eu entrava eram uma piada. Admito que eram uma piada. Meus amigos me encontravam às 6 horas da noite no sábado já bêbada. Não deveria estar daquele jeito naquela hora. Estava um bagaço desde o dia anterior, por não dormir a noite toda e ainda estar acordada. Ou apagava às 5 horas. Não era muito saudável".

Enfim, os empresários intervieram e insistiram para que Amy procurasse ajuda ou pelo menos aconselhamento. Ela acabou concordando em se consultar com um conselheiro de viciados em um centro de reabilitação.

"Foi uma época péssima para mim e eu bebia cada vez mais", ela disse ao

The Sun. "Meus empresários resolveram parar de segurar as pontas para mim e me comunicaram que iam me levar ao centro de reabilitação. Perguntei a meu pai se ele achava que eu deveria ir. Ele disse que não, mas que valeria a pena tentar. Eu fui por 15 minutos. Entrei, cumprimentei e expliquei que bebia porque estava apaixonada e o relacionamento tinha acabado. Então, fui embora".

Esse episódio, claro, serviu de base para "Rehab", escrita de improviso em Nova York, no começo de 2006, e se tornou o sucesso que anunciava a chegada de *Back To Black*. Conversando com *The Sunday Tribune* em 2007, ela contou uma versão um pouco diferente de como foi a consulta. Disse que o encontro com ele aconteceu após uma briga com Tyler James, seu velho amigo dos tempos da Sylvia Young's.

"Éramos tão amigos que ele fazia de tudo por mim, por nada, e eu o amo e respeito por isso", ela disse. "Ainda é como um irmão mais velho. Acho que ele estava com a paciência no limite. Depois de um episódio deplorável de bebedeira, ele ligou para meu pai, que me disse: "Você precisa vir para cá passar uns dias comigo". Eu disse: "Tudo bem, eu vou".

Seu pai e Tyler James sugeriram que ela marcasse uma consulta em um centro de reabilitação para viciados para ser avaliada e descobrir se realmente seria dependente; e, caso fosse, se precisaria de tratamento.

"Entrei para a consulta e o cara disse: 'Por que você acha que está aqui?' Eu respondi: 'Estou bebendo demais. Estou apaixonada e ferrei tudo e sou maníaco-depressiva'. Ele perguntou, então, se eu era alcoólatra. Eu disse: 'Talvez'. Não quis dizer não porque ele podia pensar que estava em negação. Ele começou a falar e eu me desliguei. Quinze minutos depois, fui embora, 'Muito obrigada'. Acredito sinceramente que se você não consegue resolver isso por conta própria, ninguém consegue. Depois, perguntei a meu pai: 'Você acha mesmo que preciso ir à reabilitação?' E ele disse: 'Não'". Amy voltou a Camden, voltou à dor de seu rompimento, à tentativa de vencer a depressão clínica, à bebedeira, a escrever e a ficar sozinha. "Todas as canções [de *Back To Black*] falam de meu relacionamento com Blake", ela disse à *Rolling Stone* em 2006. "Eu nunca senti por ninguém o que sinto por ele. Era catártico, porque eu me sentia terrível pelo modo como nos tratávamos. Achei que nunca mais nos veríamos. Quis morrer".

Amy sentia realmente que perdera o amor de sua vida, aquela pessoa especial que completava sua vida. O drama do rompimento e a experiência no centro de reabilitação foram um prato cheio para a boa música, enquanto ela tentava sair aos trancos e barrancos de sua crise pessoal.

Para escapar daquela escuridão, ela aceitou um convite para se apresentar no Cornbury Music Festival, realizado em 9 e 10 de julho, na Cornbury Farm Estate, em Charlbury, Oxfordshire. Ela subiu ao palco principal no sábado com Bonnie Tyler e Joe Cocker. Depois voltou a compor canções em seu apartamento em Camden, recorrendo à música para se sentir melhor.

"As canções que fiz para o álbum são de um tempo em que minha cabeça estava tão bagunçada que literalmente cheguei ao fundo... não ao fundo do poço. Detesto usar essa expressão, pois sei que vou descer ainda mais em algum momento. Mas estava clinicamente deprimida e consegui realizar algo do qual me orgulho, a partir de uma situação tão horrível", ela disse ao *Entertainment Weekly* em 2007.

Como qualquer um que teve depressão sabe, a doença paira como uma sombra sobre a pessoa, roubando meses de seu tempo, sem que ela sequer perceba que o tempo está passando. Tudo fica suspenso.

Amy retornou naquele ano para um show de caridade em seu velho refúgio, o Cobden, em um sábado, 19 de novembro, organizado pelo Set Committee da instituição Young Jewish Care. Um comentário foi publicado no *The Jewish Chronicle* cinco dias depois explicando que ela viera especialmente de Miami para se apresentar de graça na instituição. Amy cantou três canções e todos os lucros do evento, quase £7.500, foram para o Centro de Sobreviventes do Holocausto. O comentário do jornal explicava que o show começou com uma banda cover do Robbie Williams e, quando Amy subiu ao palco com seus "jeans rasgados" e camiseta, seu "lado carrancudo deu o show". Ela cantou sozinha, sentada em um banquinho, tocando uma guitarra acústica, começando com "Take The Box" e terminando com "You Sent Me Flying". O comentário cita Neil Miller, copresidente do Set Committee, comentando a apresentação dela: "Amy foi fantástica. Foi uma noite fenomenal".

Enquanto isso, seu contrato empresarial com a Brilliant 19 Ltd estava para expirar e ela resolveu não renová-lo. Precisava de nova direção, novo gerenciamento, um futuro diferente e, em termos artísticos, queria se diferenciar de *Frank*, do som franco de jazz, e procurar um novo estilo. Também queria se afastar de sua ligação com Simon Fuller, que ela estava cansada de explicar. Além de uma possível mudança empresarial, quase no fim de 2005, ela já tinha quatro ou cinco canções muito fortes, incluindo "Love Is A Losing Game".

Já estava óbvio para ela que precisava sofrer para compor. "Preciso sentir muito alguma coisa antes de começar a escrever a respeito", ela disse ao *The Sunday Herald* em 2007. "Mas, quando começo, vou até o fim. O álbum [*Back To Black*] ficou pronto em seis meses".

No começo de 2006, ela se separou oficialmente da Brilliant 19 Ltd e assinou um novo contrato com Raye Cosbert, na Metropolis Music. Em 2007, a *Music Week* citou Guy Moot, diretor administrativo da EMI Music Publishing, dizendo com perspicácia: "Há dois momentos cruciais na carreira de Amy: conhecer Raye Cosbert e Mark Ronson".

Cosbert tornou-se empresário dela, por seu histórico de experiência e visão na indústria e o escritório da Metropolis Music, localizado no norte de Londres, era conveniente para Amy, por ser perto de seu apartamento em Camden. Ele já trabalhava com Amy há vários anos, promovendo seus shows desde que ela começara a turnê de *Frank*, em 2003. Os dois se davam bem e tinham um bom relacionamento profissional. Logo, quando Amy ficou sem empresário, a decisão de assinar contrato com Cosbert, embora não fosse a primeira escolha óbvia, parecia lógica. Cosbert disse à *Music Week* que ele e Amy se conheceram por acaso em Camden durante aqueles dias incertos. Amy disse-lhe o que aconteceu com a Brilliant 19 Ltd e ele, por sua vez, disse-lhe que "arriscaria ser empresário". A partir de então, os dois perceberam o óbvio: Amy não tinha empresário e Cosbert queria se aventurar nessa área. Por que não trabalharem juntos? Ambos se respeitavam e sabiam que a aposta seria sólida e interessante.

Cosbert entrou para a Metropolis em 1989 e, na época em que se tornou o

Amy Winehouse, a garota de 22 anos que canta como se tivesse 40, como Billie Holiday e Nina Simone, em um dueto com Lauyn Hill e Erykan Badu que percorre o tempo e a história da música com Lowryn Hill e Ery Kah Badu (Jay Brooks/Idols)

Amy, com um ano (Wenn)

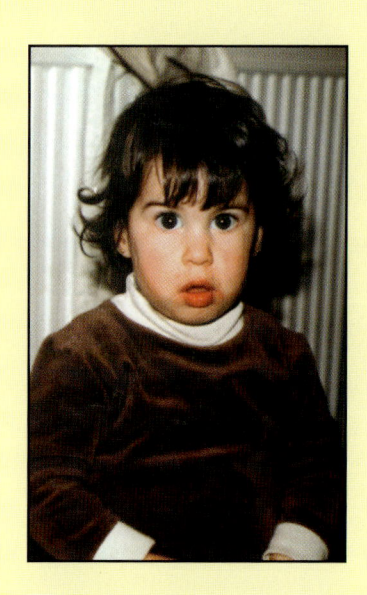

Amy se parece muito com a mãe, uma farmacêutica (Rex Features)

Amy aos 4 anos com seu mão mais velho, Alex (Wenn)

Amy à mesa, com o irmão Alex à esquerda e uma amiga no centro (Wenn)

Uma Amy sorridente, aos 7 anos, abraçada aos brinquedos, com o irmão Alex e os avós (Wenn)

A Sylvia Young Theatre School, em Marylebone, no centro de Londres, onde Amy estudou por 3 anos (Billy Easter)

Amy, aos 15 anos, gravando canções com a melhor amiga, Juliette Ashby. A dupla formou duo de Rap chamado Sweet' N' Sour em homenagem ao Salt' N' Pepa. Amy, era *Sour* [azeda] (Wenn)

A escola britânica Performing Arts & Technology Scool, em Groydon, que Amy frequentou por pouco tempo na adolescência. "Seu tempo conosco, embora curto, foi feliz e sempre ficamos felizes com o sucesso dela," disse o diretor Nick Williams

Amy autografa discos para fãs na Virgin Megastore, na Oxford Street, em Londres
(David Butler/Rex Features)

Amy se apresenta no evento dos selecionados do Brits em 12 de janeiro de 2004 (LFI)

Amy com Bobby Womack no prêmio Ivo Novello, 2 de maio de 2004. Ela ganhou o prêmio de melhor múscia atual (LFI)

Amy nos bastidores do V Festival, 21 de agosto de 2004 (Bigpicturesphoto.com)

Amy no palco do V Festival (David Butler/Rex Features)

Amy chegando ao Prêmio Mercury Music em Londres, 7 de setembro de 2004 (LFI)

Amy se apresenta no Miller Strat Pack, no Wembley Arena, celebrando 50 anos da Stratocaster, 23 de setembro de 2004 (Richard Young/Rex Features)

Amy com seu irmão Alex no circular, 14 de julho de 2005 (Bigpicturesphoto.com)

Amy, no início do sucesso. "Quando chegou para a primeira sessão, ela usava um jeans surrado com 'eu amo Sinatra' bordado na bunda", diz o compositor Felix Howard. "Isso é tão Amy. Eu simplesmente me apaixonei por ela."
(Alexis Marion/Retna Uk)

Amy em um vestido de bolas com sua marca registrada, penteado de colmeia torto (Ross Halfin/Idols)

Amy mostra sua tatuagem de Blake sobre o seio esquerdo, 15 de maio de 2005 (Snapit)

Amy e Tyler James, 8 de setembro de 2005 (Tim Whitby/Wireimage.com)

Com o namorado Alex Claire em Camden, 26 de setembro 2006 (Bigpicturesphoto.com)

Amy com o pai, Mitch Winehouse, no Prêmio *Q* Magazine, Londres, 30 de outubro de 2006 (Brian Rasic/Rex Features)

Jools Holland acompanha Amy em seu programa de rock tarde da noite na BBC2 TV "Later With Jools Holland", 3 de novembro de 2006 (Andre Csillag/ Rex Features)

O produtor de Amy, Mark Ronson (LFI)

Apresentando-se no Joe's Pub em Nova York, 16 de janeiro de 2007 (John Ricard/Filmmagic/Getty Images)

Na locação do vídeo "Back to Black", Londres, 6 de fevereiro de 2007 (Bigpicturesphoto.com)

Amy com Alex Claire no prêmio Brit, Londres, 14 de fevereiro de 2007 (LFI)

Lavantando para pegar seu prêmio Brit, com o empresário Raye Cosbert, do Metropilis Music. Janis, a mãe de Amy, está à direita (JM Enternational/Redferns)

Um copo em cada mão no Dublin Castle para o Camden Crawl, 19 de abril de 2007 (Stuart Nicholls/Retna)

Amy no palco do Festival de Música Coachella, Califórnia, 27 de abril de 2007 (Johnshearer/Wireimage.com)

O marido de Amy, Blake Fielder-Civil, fotografado em abril de 2007 (Rex Features)

Com Kate Moss na Topshop dela, Nova York, 8 de maio de 2007 (Marion Curtis/Rex Features)

Amy com Blake no festival da Ilha de Wight, 9 de junho de 2007 (Jon Furniss/Wireimage.com)

Dueto com Mick Jagger quando se reuniu aos Stones no palco do festival da Ilha de Wight, 10 de junho de 2007 (Dave Hogan/Staff/Getty Images)

No prêmio MTV Europa, Munique, Alemanha, 1º de novembro de 2007 (Staff/Getty Images)

A mãe de Amy, Janis (Rex Features)

O empresário de Amy, Raye Cosbert e o pai dela, Mitch, chegam à casa de Amy no dia em que seu marido Blake foi julgado, 9 de novembro de 2007 (Mario Pietrangeli/Sean Parson/Bigpicturesphoto.com)

Fãs de máscarasa com o rosto de Amy se reunem no Tribunal Real de Snaresbrook, enquanto Amy W. chega para ver o marido ser detido, 23 de novembro 2007 (Stuart Wilson/Stringer/Getty Images)

Amy confere uma edição anterior de sua biografia
(Xposurephotos.com)

empresário de Amy, já tinha muitos destaques em seu currículo, como a promoção de artistas do calibre de Blur, Robbie Williams, Massive Attack e Björk. Ficou conhecido na década de 1980 quando levou o Public Enemy à Docklands Arena, o primeiro show de rap a lotar um local daquele tamanho, no Reino Unido. Desde então, Cosbert trabalhou com Lynden David Hall, Goldie Lookin' Chain e Bronze Age Fox, entre outros do mesmo calibre, enquanto continuava quebrando novas fronteiras, incluindo a empreitada como primeiro promotor a trabalhar na London's Royal Opera House. Sendo empresário e promotor dos shows de Amy, Cosbert seria o principal ponto de contato dela com a indústria e poderia aplicar sua visão estratégica em toda a carreira da cantora.

Com Cosbert na condição de empresário oficial de Amy, a EMI ficou felicíssima. Guy Moot disse à *Music Week*: "A entrada de Raye trouxe um período real de estabilidade a toda a campanha. Ele tem uma calma incrível e, com isso, focaliza as metas e ao mesmo tempo canaliza os momentos artísticos mais erráticos de Amy".

Um ano depois, Amy diria ao CMU Beats Bar por que saiu da Brilliant 19 Ltd e transferiu seus interesses a Cosbert: "Estava muito infeliz com meus empresários", afirmou. "Encontrava-me em uma trajetória de aprendizado e através dela descobri que estava com os empresários errados. Seu empresário precisa ser o elo entre você e a gravadora, por isso, como eu tinha problemas com eles, acabaria tendo problemas com a gravadora também. Mas a maioria deles não era real. Eu não queria conversar com os empresários, o que significava que nunca falava com a gravadora. Eles deviam me achar estranha, o pior é que eu não estava nem aí. Mas agora estou bem empresariada e meu relacionamento com a gravadora é brilhante".

Sob as asas de Cosbert, Amy estava pronta para dar um passo adiante com um novo álbum. Ela passara boa parte do ano longe da carreira, uma folga necessária para tomar fôlego após a campanha de *Frank*. Fizera um ou dois shows, mas enrolou-se demais no drama do relacionamento com Blake. Agora, com um punhado de canções boas, todas retratando o rompimento com o namorado e a crise pessoal desencadeada pela separação, Cosbert se via em posição de falar com Darcus Beese e agilizar o novo álbum.

"Demorou um ano para começar a trabalhar de verdade no álbum novo", Amy disse ao CMU Beats Bar, mais tarde. "A gravadora vivia me pressionando, 'afinal, você quer fazer outro disco?' Mas ainda não estava preparada. Eu tinha três ou quatro músicas, mas não era suficiente para um começo. Só subi ao palco mesmo quando conheci Mark [Ronson]".

A princípio, parecia lógico ela voltar ao estúdio com Salaam Remi. Falava-se que ele produziria todo o álbum. Mas Reese providenciou um encontro de Amy com o DJ quente e produtor emergente Mark Ronson no começo de 2006. Assim como Amy, ele era contratado da EMI Publishing.

"Eles sugeriram que trabalhássemos juntos", Amy explicou ao CMU Beats Bar em 2006, "possivelmente porque estavam desesperados para que eu fizesse alguma coisa. No começo, aquilo não me convenceu muito. Achava que Mark era um cara branco qualquer, que se empenhava. Mas nos conhecemos e ele foi muito mais amistoso do que eu imaginava. Tínhamos muito mais em comum, em termos musicais, do que eu imaginara".

Ronson nasceu em Londres em setembro de 1975 e foi criado em St. John's Wood. Sua mãe, a *socialite*/escritora Ann Dexter-Jones, e o pai, Laurence Ronson, se separaram quando ele era criança. A mãe se casou novamente, com Mick Jones, guitarrista do grupo Foreigner, que emplacou com o supersucesso de 1981: "Waiting For A Girl Like You". Quando tinha 8 anos, Ronson mudou-se com a mãe para Nova York, onde fez amizade com Sean Lennon. Judeu, Ronson teve seu bar mitzvah em Nova York em 1989. Depois de tocar guitarra com um grupo de funk-rock cuja única meta para a fama era abrir o show dos Spin Doctors, tornou-se DJ e entrou para o cenário de clubes em Nova York, em 1993. Adorava hip hop e ficou conhecido como DJ que mixava sons ecléticos. Quando foi apresentado a Amy Winehouse, já entrara para o circuito das celebridades, trabalhando como DJ na festa do 29º aniversário de P Diddy e no casamento de Tom Cruise e Katie Holmes em 2006. Quando começou a produzir, queria criar sons como faziam seus produtores favoritos, Quincy Jones, Rick Rubin e RZA, do Wu-Tang Clan. Falou ao *The Jewish Chronicle* em 2007 a respeito da afinidade que percebeu haver entre ele, um homem branco judeu, e os artistas negros que tanto reverencia: "Existe um caso de amor entre os judeus e a música negra, principalmente na América. Tem a ver com uma espécie de cultura *outsider*".

Sua estreia como produtor veio com o trabalho que fez com Nikka Costa, em seu álbum *Like A Feather*, de 2001, que trazia o sucesso "Everybody's Got Their Something". Isso levou Ronson a conseguir um contrato com a Elektra Records, pela qual lançou seu álbum de estreia, *Here Comes The Fuzz*, um projeto de colaborações múltiplas que produziu o *single* de sucesso "Ooh Wee", apresentando Nate Dogg, Ghosface Killah e Trife Da Good. Até chegar a *Back To Black*, ele produzira recentemente *Alright, Still*, de Lily Allen; *Back To Basics*, de Christina Aguilera; e *Rudebox*, de Robbie Williams.

Amy estava ansiosa por saber como Ronson seria. "Ela achou que eu era algum judeu mais velho ou algo assim", ele disse à *Spin* em julho de 2007. "Não sei se ela pensava que eu fosse alguém como Earl Rubin ou talvez Leonard Cohen. Ouvimos de tudo, do tipo de Earl & The Cadillacs e The Angels e começamos a conversar sobre o que os gênios da música fazem quando se reúnem".

Após esse encontro inicial, Ronson começou a trabalhar no que seria "Back To Black", a faixa título. Com a cabeça cheia de The Shirelles, The Shangri-Las e The Angels, ele foi para o estúdio. "Naquela noite, fiz a parte da bateria e do piano e pus muita reverberação no pandeiro. A atitude indiferente de Amy é enganosa. Quando toquei para ela no dia seguinte o que tinha feito, ela disse: 'sinistro', e não tive certeza do que isso significava. De repente, ela disse: 'É esse o som que eu quero para o meu álbum'".

A partir dali, o trabalho foi muito orgânico. "Eu tocava alguma coisa que preparei", disse Amy ao CMU Beats Bar, "ou uma canção de que gostava, ele pensava nela e voltava no dia seguinte com uma ideia ou sugestão ou outra canção de que gostasse. Quando eu e Mark começamos a trabalhar assim, logo me vi pronta para fazer o novo álbum e foi assim que passamos a primeira metade do ano".

Amy acostumou-se a ir ao estúdio de Ronson todos os dias para trabalhar no material. Ela tocava suas canções numa guitarra acústica e Ronson experimentava diversos arranjos. Por fim, eles sabiam que direção tomar. "O motivo por que todos voltam àqueles discos da Motown", disse Ronson à *Spin*, "é que ali havia músicos fantásticos tocando juntos em uma sala e era isso que tentávamos fazer".

Trabalhando rápido, eles prepararam faixas básicas em apenas três semanas. Além de trabalhar com Ronson em Nova York, Amy ia para Miami, onde Salaam Remi cuidava da outra metade do álbum. A gravadora gostou da abordagem dupla de Commissioner Gordon e Remi em *Frank* e quis repetir a fórmula em *Back To Black*. Como antes, Remi convidou Amy para ficar em sua casa em Miami, onde trabalharam nas faixas em seu estúdio. Ele tinha tanto equipamento nessa época, que chamava o lugar de "zoológico de instrumentos". Lá, eles se empenharam em encontrar o som peculiar que ele queria. Todas as faixas básicas para a metade de Remi do álbum foram gravadas na sala de estar, com cabos e fios indo escada acima até um dos quartos.

"As canções se contorciam nesse formato, no mesmo ritmo, e, em termos de letras, eram iguais", ele disse à revista *Remix*. "O que dá forma ao álbum é a confiança de Amy e aquilo que ela queria ouvir".

Com os vocais gravados, Remi masterizou o som especial. Seu engenheiro, Frank "Esoes" Socorro, cuidou da caixa da bateria até ela produzir o som dos discos do início dos anos 60. Remi, então, estudou as técnicas do lendário engenheiro da Atlantic, Tom Dowd, e entrou em contato com Jim Gaines, ex-engenheiro de som da Stax, para aprender com ele métodos e estratégias usados nas clássicas gravações da Stax. Em especial, Remi queria perguntar a Gaines como produzir um som cheio de chiados como dos velhos LPs de vinil.

"Era necessário colocar um microfone Neumann U 87 sobre uma caixa entre os hi-hats", disse Remi à *Remix*. "A questão era colocar os hi-hats e a caixa juntos com um microfone melhor, em vez de dois, para tentar separar o som. Ele gravava as canções em uma sala e mudava os microfones de lugar".

O clima, em termos de inspiração musical, refletia os tempos em que Amy namorava com Blake e ouvia música na jukebox, no Hawley Arms.

"Escrevi meu primeiro álbum quando escutava muito jazz e hip hop", ela explicou à *Entertainment Weekly* em 2007. "Quando escuto meu segundo álbum, lembro-me que na época ouvia muito menos música: soul, doo-woop, grupos femininos e isso aparece no disco. Escutava tipos muito diferentes de música quando fiz os dois álbuns".

No decorrer do trabalho com Ronson, de repente ela fez "Rehab", de improviso. Os dois caminhavam por uma rua do Soho de Nova York quando a ideia ocorreu a Amy. "Cantarolei", ele disse à *Papermag* em 2007. "De brincadeira. Mark começou a rir, dizendo, 'que engraçado. Muito engraçado, Amy. De quem é essa, afinal?' Eu disse: 'Inventei agora. De brincadeira'. E ele disse: 'seria muito legal se você tivesse uma música sobre a reabilitação'. Eu disse: 'bem, posso escrever agora mesmo. Vamos para o estúdio'. Foi isso".

Ronson adorou, conforme disse à *NY Mag* em 2007. "Cantores brancos com uma voz boa de soul interpretam de um jeito próprio. Winehouse, com 'Rehab', começa com um blues no estilo Ray Charles, quando entra nos versos e vai parar em acordes tipo Beatles, entende? Gosto de ambos. Stevie Wonder interpretando 'We Can Work It Out' dos Beatles é uma das minhas gravações favoritas".

Quando as canções já tinham uma identidade, algo entre The Ronettes produzidas por Phil Spector e os discos da lenda do soul dos anos 70, Donny Hathaway, Ronson quebrou a cabeça para encontrar um jeito certo de fazer os arranjos e gravá-las. Enfim, descobriu o que fazer e trouxe ao seu estúdio The Dap-Kings, a banda de nove membros do estúdio Daptones no Brooklyn e colocou-os para trabalhar ao vivo com o violão e os vocais gravados de Amy. The Dap-Kings, conhecidos por seu espírito e música revivalistas de funk/soul, gravam usando equipamentos antiquados em vez da parafernália de tecnologias digitais e softwares usados hoje em dia. Daí o delicioso som especial dos discos que gravam com Sharon Jones. Quando Mark Ronson os trouxe para trabalhar em *Back To Black*, Sharon Jones não estava com eles e o grupo foi renomeado de The Dap-Kings. A banda formou-se a partir de The Soul Providers, formado em meados da década de 1990 por Phillip Lehman e Gabriel Roth (vulgo Bosco "Bass" Mann). Durante a gravação, Lehman e Roth contrataram uma *backing* vocal de Augusta, Geórgia, chamada Sharon Jones. Os dois, então, lançaram um selo, a gravadora Desco Records, localizada no Brooklyn. Além disso, também tinham um estúdio. Na Desco, eles começaram a lançar *singles* em vinil de 45 rpm dos vários artistas que compartilhavam de sua estética soul/funk retrô.

Em 2000, Lehman e Roth seguiram caminhos opostos por causa de conflitos empresariais internos e cada um fundou um selo próprio. Roth, engenheiro chefe da Desco na época, cofundou a Daptone Records com Neal Sugarman, um saxofonista. The Soul Providers desmanchou-se e de suas cinzas formou-se uma nova banda chamada The Dap-Kings. Lançaram o primeiro álbum, *Dip Dapping With Sharon Jones & The Dap-Kings*, em 2001, e rapidamente conquistaram a reputação de grupo mais quente de soul/funk retrô da velha escola nos Estados Unidos. Em 2003, a gravadora e o estúdio se mudaram para uma casa velha de dois dormitórios em Bushwick, Brooklyn, onde instalaram seu estúdio, The Daptone Recording Studio, com equipamentos de tempos passados e um gravador de fita analógico de 16 faixas. Em 2005, no mesmo ano em que os Dap-Kings lançavam seu segundo álbum, *Naturally*, o sábio DJ Mark Ronson e alguns de seus colaboradores, como Ghostface Killah, veneravam e às vezes sampleavam The Dap-Kings, também se apaixonaram pelos belos sons antigos surgidos no Daptone Studios.

Ronson, então, fez amizade com Gabriel Roth, dois judeus unidos pelo amor pela música negra. Nos meses seguintes, Ronson trabalhou repetidas vezes com a equipe do Daptone e os Dap-Kings. Tinha três projetos para eles: o álbum de Lily Allen, seu segundo álbum solo *Version* (uma coletânea de covers com vocalistas convidados) e *Back To Black*, de Amy Winehouse. Ele sabia que o espírito soul/funk da banda combinaria perfeitamente com as canções de esperança frustrada de Amy e via em Gabriel Roth, um engenheiro de som muito talentoso, um colaborador lógico, principalmente para ajudar Amy a encontrar o som especial dos anos 60/início dos 70. No fim, Roth trabalhou nos arranjos em parceria com Ronson de quatro faixas do álbum: "Rehab", "Back To Black", "Love Is

A Losing Game" e "Wake Up Alone", que se tornariam *singles* de sucesso. Nos quatro casos, as canções expressam o som especial do Daptone. Quando o álbum foi lançado, para constrangimento de todos, as músicas gravadas no Daptone Studio foram listadas nas notas do encarte do CD como sendo do "Dapking Studios". Mas todos os egos feridos foram curados quando Amy convidou The Dap-Kings para acompanhá-la como sua banda em sua primeira turnê americana, no começo de 2007.

Além da família The Dap-Kings/Daptones, outros músicos deram suas contribuições, como Viktor Axelrod, que acrescentou "som de palmas e Wurlitzer" a "Rehab" e "You Know I'm No Good", e colocou piano em "Rehab", "You Know I'm No Good", "Back To Black", "Love Is A Losing Game", "Some Unholy War" e "Addicted". Axelrod, também conhecido como Ticklah, nasceu e cresceu no Brooklyn. Estudou jazz pouco antes dos 20 anos com Mike Longo, enquanto seu interesse por ska, reggae e dub crescia. Algumas de suas inspirações especiais foram Augustus Pablo, Dennis Bovell e King Tubby. Tocou com vários grupos de ska e reggae de Nova York antes de trabalhar por algum tempo com a banda de acid jazz Cooly's Hot Box e Michael G's Special Request. Mais recentemente, tocou com The Soul Providers e The Dap-Kings, enquanto compunha, interpretava e gravava solos sob o nome de Ticklah. Axelrod também foi membro original da The Easy Star All-Stars, com Michael G, um conjunto de músicos de reggae de alta categoria, sediados na área de Nova York. Ronson lhe telefonou e o convidou para trabalhar com The Dap-Kings no estúdio para o *Back To Black*.

"Como DJ, ele estudava os discos feitos nos Dapstone Studios, no Brookly", diz Axelrod. "Acho que gostou da abordagem do som e também do estilo musical do pessoal. Julgou que um trabalho conjunto desse grupo de músicos e da abordagem de Gabe funcionaria com aquelas canções".

Ronson, enfim, tocou algumas demos, quando existiam!, para Axelrod e outros músicos, para que sentissem o material. "Começamos a trabalhar nelas. Não que ele nunca desse palpite, mas procurou-nos, em parte, para nos deixar à vontade. Ele tinha os acordes, as demos, não ficaríamos ali sem ideia de como fazer delas o que ele queria ouvir".

Que tipo de instrução Ronson deu à banda?

"Ele ouvia algumas coisas que fazíamos e dizia, 'Ok, é por aí'. Não me lembro de ele precisar nos falar mesmo de coisa alguma".

Às vezes uma sessão dessas é um trabalho doloroso. Não foi o caso para Axelrod com *Back to Black*.

"Lembro-me de minha agradável surpresa por gostar muito das canções, quando ouvi as demos com a voz de Amy".

A banda trabalhava na maior parte do tempo com as listas de acordes para que Ronson gravasse enquanto tocavam ao vivo, com baixo, bateria, piano e duas guitarras.

"O arranjo já estava praticamente pronto. Acho que não ouvi as demos de cada melodia. Lembro-me de que tínhamos listas de acordes para cada canção, mas acho que Gabe tinha demos de Amy cantando e tocando e fez as listas a partir delas".

Axelrod se lembra de algumas canções, em particular. "Lembro-me da demo de 'Back To Black', que já estava praticamente no estilo. Ouvíamos a demo e sentíamos a energia dela. Tinha um quê de Paul Spector. Em 'You Know I'm No Good', vimos a lista de acordes, conversamos um pouco e começamos a tocar".

A maior parte do trabalho de The Dap-King terminou em um dia. Axelrod, cujo papel era maior que o de um músico potencial, trabalhou com Ronson vários dias.

"Voltei no segundo dia e coloquei o Wurlitzer em 'Rehab', porque eu tocava piano em todas as canções. Coloquei também som de palmas. Mark também participou disso no mesmo dia, mais tarde. Acho que levou dois dias. Depois ele levou as fitas à Inglaterra para acrescentar a parte de orquestra". No fim do primeiro dia, Axelrod, sem saber quem era Ronson, foi para casa e procurou o DJ/produtor no Google: "Fiquei meio chocado. Gabe só me disse que um DJ/produtor dos bons trabalharia conosco".

Trabalhando em "Rehab", Axelrod não tinha ideia de que estava ajudando a dar forma a uma faixa que se tornaria uma frase popular global. "Na época eu não sabia que uma melodia como 'Rehab' pegaria tanto. Uma canção como 'You Know I'm No Good' não me surpreende que pegue aqui [nos Estados Unidos]. Algumas coisas detonam na Inglaterra, mas não aqui".

Axelrod não se lembra de Ronson falar muito de Phil Spector nem dos grupos femininos que tanto haviam inspirado Amy. "Nunca na vida eu prestei atenção naquele tipo de música. A gente ouve no rádio ou no cinema, mas eu não tinha nenhum daqueles discos. Mas, felizmente, pude tocar umas coisas nesse estilo que agradaram Mark. Na verdade, eu e os outros caras que tocávamos nos discos pudemos entender as músicas, embora fossem tão distantes a ponto de não prestarmos atenção nelas. Não gosto de ouvir música daquela época. Mas tudo está muito próximo, em termos de relação, como se fossem partes do blues. A partir daí, pudemos adaptar nosso som. Uma canção como 'You Know I'm No Good' já era bem mais fácil. Uma como 'Rehab' era um pouco mais difícil, porque nunca tocamos nada assim".

A primeira canção em que trabalharam foi o hino do amor malfadado, "Back To Black". "Trabalhamos essa faixa duas vezes porque o tempo da melodia e o jeito como ela se desenrola a tornam desafiadora. Não é complicada, mas é difícil manter aquele sentimento e aquela força. Deu trabalho e foi um pouco delicado manter o equilíbrio entre nós enquanto tocávamos. Acho que passamos várias vezes pelo material até Mark sentir que estava certo. Acho que isso não aconteceu com outros".

A canção mais natural para a atmosfera soul antiga era "Love Is A Losing Game". "Lembro-me de que essa foi fácil, acho que todos nós gostamos de usar aquelas mudanças de acordes. Não me lembro de ouvir o vocal de Amy, acho que fizemos o trabalho a partir da lista de acordes e entramos no clima. É a minha faixa favorita do álbum".

Algumas semanas depois de Axelrod terminar suas contribuições ao disco, Ronson o chamou de volta ao estúdio para trabalhar em "He Can Only Hold Her". "Não achei que essa música entraria no álbum, mas na última hora eles quiseram incluí-la e, se não me engano, ouvimos uma demo de *Salaam* Remi. Lembro-me de ouvirmos uma demo dessa canção com um estilo totalmente diferente de produção, só para ouvir quais eram os acordes. Foi muito fácil. Ficou pronta muito rápido".

Assim como Amy, Axelrod achou Ronson um produtor muito intuitivo. "Uma coisa boa de você trabalhar com Mark é que ele realmente conhece os acordes, a harmonia e tem um ouvido bom para inversões, extensões. Trabalhei com produtores que não sabiam nada de música e não conseguiam comunicar nada além de 'gostei' ou 'não gostei'. Mark sabe o que quer e deixa as coisas se desenrolarem. Ele logo percebe quando as coisas vão bem e insiste nelas. Uma pessoa como ele é capaz de citar um disco que a gente conhece. Ele realmente fala a nossa língua. Era muito fácil. Mesmo quando usávamos termos específicos do tipo, 'não toque esta nona naquele acorde'".

Em Miami, Troy Genius recebeu de novo um telefonema de Salaam Remi, convidando-o para tocar bateria na sua metade do disco novo. Genius entrou no carro, pegou a estrada e, 20 minutos depois, estava na casa de Remi. Mais uma vez, Remi confiou a ele as faixas em que precisavam trabalhar.

"*Back To Black* foi basicamente igual [a *Frank*] porque Amy tinha o mesmo toque de jazz", lembra-se Genius. "Por isso, o segundo álbum não foi tão diferente. Sentamos no estúdio e o ouvimos, conversamos a respeito dessa atmosfera, do tipo de ideia. A partir daí, nas outras músicas, eu chegava lá e fazia umas quatro ou cinco coisas diferentes e escolhíamos a que funcionava melhor. Como estávamos trabalhando com Pro Tools, sempre podíamos acrescentar faixas diferentes".

Genius avalia seu papel na confecção do álbum como muito bem definido.

A pouca orientação que Remi precisou dar a Genius foi de natureza abstrata.

"Salaam sempre mencionava uma sensação granulosa com um pouco de vermelho e um pouco de laranja. Todas essas texturas têm um significado definido. Um vermelho alaranjado é um sabor mais quente, sabe? Granuloso significa que há um certo tempero. Ele sabe como conseguir isso no produto final.

Em nenhum outro ponto esse sabor quente se mostra mais picante do que em "Just Friends", com seu toque de reggae feito sob encomenda para Troy Genius. "Era realmente uma bênção tocar reggae em um álbum como aquele. Dar ao álbum um tom tão ortodoxo, anos 70, foi uma honra".

Durante as sessões, Genius trabalhou apenas com Remi. "Não conheci nenhum dos outros músicos. Chegava e fazia minha parte. Assim como trabalhamos em qualquer outro projeto. Ele me telefona. Vou até lá e trabalho com ele".

Durante a mixagem do segundo álbum de Amy ela percebeu que criou algo especial. Darcus Beese, na Island, estava animado porque o disco tinha um novo potencial de *singles* de sucesso, um mais forte que o outro. O ataque conjunto de Remi e Ronson criou um material dinâmico, produzido com imaginação e talento sônico. Em relação às letras, era uma espécie de álbum de conceito, todas as canções giram em torno do mesmo drama de um caso de amor interrompido.

Capítulo 7

Back To Black

Em comparação com *Frank*, *Back To Black* chegou pronto, perfeitamente seguro de quem era e do que queria. Era Amy Winehouse reinventada como artista com voz profunda, um verdadeiro vulcão em erupção. O título do primeiro *single* do álbum anunciava o momento. Na época, as revistas de fofocas e os tabloides estavam cheios de comentários sobre celebridades atingindo todos os níveis de infâmia a caminho da reabilitação, em reabilitação, saindo de reabilitação, lidando com a vida após a reabilitação, voltando à reabilitação ou saindo de novo dela. A música pegou o pulso da moda, colocando Amy na crista da onda.

Em outras palavras, ela e Ronson criaram uma canção que definia um aspecto de uma era, uma música que captava o espírito com perfeição. Era um hino pop disfuncional para tempos disfuncionais e servia de trilha sonora para celebridades envolvidas de uma forma ou outra com a reabilitação, como Lindsay Lohan, Britney Spears, Robbie Williams e, principalmente, Kate Moss e Pete Doherty. É uma canção cuja protagonista se orgulha de recusar um centro de reabilitação e, temos que dizer, adotou um novo sentido profético se considerarmos as desventuras de Amy Winehouse em 2007.

Por trás de sua história incrivelmente "atual", há camadas e mais camadas de soul dos anos 60 e um *pop heaven* feminino, pós-doo-woop, produzido por Phil Spector. A canção é rica em referências. Otis Redding. The Ronettes. Shirley Bassey. Lauryn Hill. Macy Gray. Aretha Franklin. Marvin Gaye. The Temptations. Missy Elliott. Mary J. Blige. The Angels. James Brown. Nina Simone. Erykah Badu. The Supremes. Tina Turner. The Shirelles. Sam Cooke. Martha & The Vandellas. Parece uma reunião de todas as clássicas músicas do soul, rock e pop dos Anos 60 em um pacote bem amarrado, mas com uma sensibilidade moderna. Do seu tempo e atemporal. De hoje e com um pé no passado.

A canção se desenrola com seus toques cuidadosamente distorcidos, no mesmo patamar de "Nowhere To Run" de The Vandellas, "Twistin' The Night Away" de Sam Cooke, "My Boyfriend's Back" de The Angels, "Nutbush City Limits" de Tina Turner, "Recipe For Love" de The Ronettes, "Life In The Fast Lane" de The Eagles e muitas outras clássicas. A característica única de "Rehab" é ser um clássico antes de chegar às lojas de discos. Ronson a encheu de elementos especiais, fez com que soasse como um clássico, construiu-a com base em sons familiares/desconhecidos que provocam o ouvinte com uma enciclopédia de referências musicais habilmente sugeridas, mas que não fazem parte da canção em si: uma composição original em todos os sentidos. Mas a facilidade em cantarolar importuna e cria todas as possíveis comparações e referências.

O que "Rehab" fez, acima de tudo, foi tirar Amy do gueto de jazz/soul de *Frank* e deixá-la mais conhecida. O título era uma aposta: será que atingiria a audiência do mercado massificado do pop com seu toque tatuado ou intimidaria milhões de pessoas que não desejariam ouvir a história de uma jovem de 23 anos aconselhada a procurar um centro para terapia de pessoas viciadas e alcoólatras? Entretanto, sua coragem e franqueza atingiram todo o mercado pop global. Lá estava uma cantora que, em vez de deixar os repórteres dos tabloides desmascararem sua vida particular, resolveu abrir o jogo e usar toda e qualquer especulação de seu estilo de vida como fonte de inspiração para uma música.

"Rehab" conta uma história simples baseada em eventos reais na vida de Amy: quando seus ex-empresários se preocuparam por ela beber demais e sugeriram que procurasse ajuda profissional em um centro de reabilitação. Ela foi, o conselheiro a ouviu, fez perguntas e concluiu que ela não era alcoólatra, mas passava por uma fase depressiva após terminar com o namorado.

A canção atingiu um público maior. As vendas de *Frank* foram significativas, mas o álbum não chegou a ser lançado nos Estados Unidos. A gravadora sabia que precisava retirar Amy acima de seu nicho marginal e adaptá-la à atualidade. A explosão do neo jazz já passou, e os consumidores de discos já não consideravam mais Jamie Cullum, Amy Winehouse e Norah Jones como um trio representante de uma nova tendência nos campos lendários do jazz.

"Rehab" era a canção que exploraria todos os lados de uma nova Amy: retrô, sim, mas não tanto para não isolar seus fãs que gostavam da combinação de sons velhos e novos de *Frank*. Descolada, porque Mark Ronson estava nos controles, o que dava a Amy uma dose imediata de credibilidade. Atraente de uma forma diferente de *Frank*. Pop, de um jeito que *Frank* não foi. Clássica, de uma forma que a geração dos Baby Boomers apreciaria. Produzida com imaginação de uma forma diferente de *Frank*. Veja como Ronson lida com aquela muralha de som de Brian Wilson/Phil Spector, dando a "Rehab" uma textura vultosa, deixando a voz de Amy ressoar pelo mundo. Uma voz de Godzilla. Franca como *Frank*, entretanto mais universal.

Diferente das canções extraídas do diário de uma jovem norte-londrina de 19 anos que gosta de Nas, Lauryn Hill, The Beastie Boys e Ella Fitzgerald, mora e se diverte em Camden, *Back To Black* parece mais maduro, com canções de relacionamentos interrompidos permeadas por profundidade emocional, humor inesperado e o espírito doloroso, afetado pela depressão, como no livro de memórias best-seller *Prozac Diary,* de Lauren Slater. O álbum também compreende uma era de confissões, de quebra de tabus sobre tudo que se possa imaginar, principalmente sexo, uso de entorpecentes e doença mental. "Rehab", em particular, é uma canção emblemática violentamente melódica, sobre um momento específico no tempo em uma parte específica do mundo ocidental.

Fascinante, divertida, recente, começando com as distorções do órgão dos Anos 60, a outra óbvia e grande mudança desde *Frank* é o alcance da voz de Amy. Ela canta grave agora, de forma profunda, sombria, potente, como se a voz viesse da barriga, enquanto em *Frank* seu tom era mais agudo. Em "Rehab", ela reverencia Ray Charles e a lenda do soul Donny Hathaway, de certa forma, estruturas vocais que ela segue no álbum inteiro.

A canção pergunta aos ouvintes: até que ponto você chega? Para onde vai? Onde está o seu limite? Na sua opinião, o que é suficiente, o que é demais? Ela fez uma canção para provocar: O que fazer se a ida ao centro de reabilitação só piorasse as coisas? Como ela se apresentaou lá? Para começo de conversa, em que estado de espírito ela devia estar para concordar em ir? Quem faria a sugestão?

A mídia britânica topou a parada de bom grado. Amy Winehouse eletrizava a mídia. Por que vocês acham que aceitei ir ao centro de tratamento? Acham que fui por quê? Será que digo toda a verdade a vocês? A minha música é assim tão franca ? Será que canto sobre minha vida neste álbum?

A faixa 2, "You Know I'm No Good", marcha literalmente com um conjunto de metais delicioso. A música é descontraída, tem uma batida que Mick Jagger (fã de Amy) invejaria, passa para uma bateria poderosa, com o baterista arriscando um som incomum. O som do baixo é distorcido, como normalmente acontece nas antigas gravações de reggae (pense nos lançamentos do Studio One), a frequência do instrumento e o tom e volume do amplificador sobrecarregam a canção. Por baixo, um belo redemoinho de guitarra psicodélica tocada com o efeito *flanger* da pedaleira, um clássico toque "viajante" dos anos 60. Mais uma vez, como no caso de "Rehab", Ronson foi brilhante na criação de um som que não parece gravado em 2006. Lembra algo tirado do período entre 1967-1972, dando a impressão de que todos os participantes da faixa seriam americanos e negros. Claro que entram aqui The Dap-Kings, com seu sabor especial de soul, permeando toda a parte de Ronson do álbum com seu soul delicioso. Entretanto, são Ronson e Amy que conduzem a faixa.

A letra, uma pilha de referências às grandes instituições britânicas dedicadas à cerveja, a uma porção de fritas e a Roger Moore, um dos atores que interpretaram James Bond, mostra Amy mais uma vez referindo-se a eventos de sua vida especialmente relacionados a um cenário londrino de 2006. O efeito criou duas camadas. A música, 100% americana. As letras, na maior parte, britânicas. A gravadora deve ter ouvido as primeiras demos para esse disco muito britânico/muito americano e visto cifras de dólar e libra brilhando em néon. Estimulou-se uma ambição: conquistar o público americano com *Back To Black*. As canções, como devem ter pensado os executivos, deveriam, em princípio, chegar lá. Mesmo que isso significasse apresenta-la às rádios, à imprensa e ao público como uma artista nova, embora já fosse uma celebridade no Reino Unido.

A terceira faixa, "Me & Mr Jones", começa de modo brilhante, com a gíria britânica *fuckery* [baboseira] se imiscuindo na letra. Em meio à clássica muralha de som explicitamente americano de doowop/Phil Spector/Ronettes, o britanismo de Amy grita com todo o fôlego. Parece um Hugh Grant protagonizando um filme água-com-açúcar americano com trilha sonora de música americana da melhor qualidade. De modo especial, é uma referência à coletânea de canções de Natal de Phil Spector de 1963, *A Christmas Gift For You From Phil Spector*, com canções de The Ronettes, Darlene Love, The Crystals e Bob B. Soxx & The Blue Jeans. Começa com um refrão doo-wop das *backing vocals* e uma guitarra dedilhada e termina com o sibilar dos pandeiros. Amy fala das falhas de um namorado para quem ela choraminga sua dor de um coração partido: a pior foi tê-la deixado esperando e, por causa disso, ela perder um show do rapper Slick Rick. A canção é uma amostragem perfeita de sua voz, à medida que Amy grita, lamenta, murmura e resmunga por cima do compasso rítmico da banda, das vozes das *backing vocals*, que embelezam a canção com seu coro sedoso e melodioso.

"Just Friends", um típico trabalho em conjunto com Salaam Remi. De todas as faixas em *Back To Black*, esta parece a mais próxima de *Frank*, com Amy cantando sobre uma batida de reggae ensolarado criada por Troy Genius. Em alguns momentos, a canção revela uma dimensão ska, sinal da predileção de Amy por The Specials.

A faixa título, "Back To Black", começa como um dos clássicos das Supremes, com um lindo piano dançante, um pandeiro, um baixo vigoroso e, pairando no meio de tudo, o vocal soul, místico de Amy. É uma das canções de amor mais explícitas sobre o rompimento com Blake. O refrão, com sinos anunciando o destino, tem um arranjo primoroso de Mark Ronson, com uma pilha de carrilhões a la Spector e uma graduação pop apocalíptica. Vocalmente, Amy se emparelha com Shirely Bassey, cantando com toda a força dos pulmões, bem ao estilo de uma chorosa canção de amor, que caberia na trilha sonora de um filme de James Bond. Todo o melodrama em estilo de faroeste italiano no meio da música, com os toques de pandeiro, é brilhante, astuto e empresta um bem-vindo toque de humor à seriedade da letra. O título, claro, fala do retorno da narradora à depressão e solidão, ao terreno emocional sombrio após ser abandonada pelo homem que ela ama, que voltou para a ex-namorada.

A faixa 6, "Love Is A Losing Game", é a canção mais doce do álbum, uma homenagem delicada à atmosfera soul da mais alta qualidade. Os Dap-Kings se encontram aqui e tocam sem esforço, com perfeição. O vocal de Amy, discreto, é simples, um canal puro de melancolia. Em relação à letra, ela canta com o coração de forma sincera, franca, brincando com as palavras. O jeito como expressa cada frase é talentoso, destacando sílabas, atingindo o maior impacto emocional possível. É também uma canção na qual, como questão de estilo, todas as suas referências a Donny Hathaway geram bons frutos. As cordas, a guitarra distorcida, a batida na caixa, o vocal torturado, o baixo suave, o discreto piano criam um perfeito clima depressivo, como em um sublime disco de soul dos anos 70.

A voz de Amy em "Tears Dry On Their Own" é profunda, resmungada, a mais jazzística de todo o disco. As estrofes são sombrias, caindo de verso em verso, com Amy às vezes conseguindo a improvável proeza de parecer um misto de Jay Z e Mick Jagger. Então os versos entram naquele glorioso refrão que lembra a Motown e a canção adquire uma dimensão diferente. O arranjo tem múltiplas camadas, absorvendo elementos de cabaré, jazz, soul e Motown. Se tivesse aparecido sobre a mesa de Berry Gordy em 1968, ele teria ficado muito, muito feliz. A canção também é uma superação triunfante após o abandono, falando de um amor que não deu certo. É positiva e fala de uma pessoa levantando a cabeça após ter seu coração partido, uma canção que diz, "tudo bem, nós terminamos, mas não vou ficar remoendo isso. Os meses em que passei me arrastando como um fantasma acabaram. Agora volta a determinação para continuar com minha vida".

A oitava faixa, "Wake Up Alone", começa como os Rolling Stones fazendo doo-wop. Uma bela guitarra, um ritmo como de uma caixinha de música. A letra é um lindo retrato aberto de um amor que não deu certo. Amy se vira do avesso e expõe seus sentimentos a quem quiser ouvir. A música é como um diário, uma revista, como as memórias de uma pessoa. Mais uma vez, o espectro do relacionamento com Blake permeia a canção, enquanto Amy canta para se recompor.

"Some Unholy War" começa quase como uma canção de Otis Redding (que provocação) antes de entrar direto e reto em um número de guitarra de jazz, estendendo-se depois para reggae, soul, Motown, doo-wop, percorrendo referências musicais de A a Z. Mais do que qualquer outra faixa no álbum, a canção coloca Amy no território de Lauryn Hill, Macy Gray, Erykah Badu, enquanto a bateria encobre o pop com sabor caribenho.

"He Can Only Hold Her", começando com aquele sublime toque Motown, linda guitarra, bateria, piano, baixo, caberia muito bem em um álbum de Smokey Robinson. Entra, enfim, a voz de Amy, rouca, romântica e expressiva, como Diana Ross depois de fumar um maço inteiro de cigarros Marlboro. É uma música ensolarada, saltitante, alegre. O fraseado vocal é incrível, as palavras se torcem e curvam, perfuram-se e se cortam, desconstruindo a letra enquanto ela segue, até conseguir que a letra tenha o sentido exato que ela quer.

O álbum termina com "Addicted", que começa como Miles Davies e mergulha naquela batida constante da Motown. Uma história de erva e amor, Amy canta uma de suas histórias especiais de amor urbano. É uma faixa interessante, em termos musicais, uma mistura de jazz tradicional, soul e Motown, com Amy fazendo o que faz de melhor, mesclando gêneros musicais diferentes do passado, inserindo uma letra muito atual em um estilo vocal atemporal.

Capítulo 8

Straight To The Top
Direto ao topo

A Island lançou "Rehab" como o primeiro *single* de *Back To Black*, em 23 de outubro de 2006. Tudo foi diferente. A capa, uma imagem de Amy confiante usando uma capa de chuva branca, salto alto, com os cabelos longos soltos, carregando uma mala enquanto desce uma escadaria, cercada de músicos, era completamente americana em seu imaginário, suas sugestões e caráter. Adeus às capas de garota comum, que mora ao lado, da era *Frank*. O *single* foi lançado em dois formatos: um com "Do Me Good", o outro com "Close To The Front" e um remix de "Rehab". Foi um lançamento que finalmente fez jus a todo o potencial de Amy e entrou na lista de *singles* do Reino Unido na posição 19 só em vendas por download, antes de subir na parada quando o CD foi lançado, chegando à 7ª posição. A gravadora tinha, enfim, seu *single* de sucesso há muito esperado.

Foi uma aposta como muitas outras na música pop. Três anos depois de seu álbum de estreia e com um som novo, muito diferente da atmosfera neo jazz de *Frank*, será que Amy Winehouse ainda seria relevante? O pop muda rápido. O que era importante em outubro de 2003 poderia não durar até outubro de 2006. Enquanto Amy retornava, os Top 10 contavam com sucessos de Razorlight, My Chemical Romance, Girls Aloud, James Morrison e os revivalistas da era disco, The Scissor Sisters. Era um cenário diferente daquele de outubro de 2003, quando Dido e Norah Jones dominavam a lista. Mas assim que "Rehab" abriu as portas, ficou claro que Amy já era mais importante do que três anos antes.

Para confirmar sua recém-descoberta celebridade, *Back To Black*, assim que o disco chegou às lojas uma semana depois, em 30 de outubro, logo sumiu das prateleiras. A capa mostra uma Amy drasticamente mais magra, sentada diante de uma lousa em um banquinho de escola. Rabiscos e desenhos indistinguíveis foram apagados da lousa. Ela usa vestido, sapatos de salto alto com estampa de "oncinha", cabelos longos soltos e dois colares. Olhando direto para a câmera, tem uma expressão entre criticamente vulnerável e extremamente confiante. As tatuagens (que aumentaram em número desde o lançamento de *Frank*) agora eram um elemento-chave do visual de Amy. Em meados de 2007, ela confessou que tinha uma dúzia, incluindo uma em memória de sua amada avó, Cynthia (fã inveterada de Tony Bennett). A primeira, uma Betty Boop nas costas, ela fez aos 15 anos. Amy disse à *Rolling Stone* que quando seus pais souberam, "perceberam que eu ia fazer o que quisesse de minha vida, e foi isso mesmo".

O álbum vendeu mais de 40 mil cópias na primeira semana de lançamento no Reino Unido e parecia capaz de usurpar *Frank* em todos os sentidos rapidamente. Mais 30 mil cópias foram vendidas na segunda semana, levando o disco direto ao 3º lugar na lista de álbuns. Não pararia por ali, chegando à 1ª posição.

As críticas favoráveis cresciam sem parar. Para o *The Times*, "*Back To Black* é outro disco sugestivo da boemia moderna, capitalizando a exploração astuta que *Frank* faz do sexo e da autorrealização". O *The Guardian* o chamou de "um clássico do soul do século XXI... começando pelo *single* picante "Rehab", tudo vem em dose certa: o exuberante toque neo-Motown dos produtores Mark Ronson e Salaam Remi, os vocais ricos, vigorosos, algo entre Lauryn Hill, Beth Gibbons e Etta James e as letras completamente modernas, nas quais a infidelidade é descoberta por causa de uma queimadura no carpete ('You Know I'm No Good') e um amante desperta menos desejo que uma boa dose de erva ('Addicted')."

O *The Observer* comentou: "Anunciado como um álbum completamente confessional, é uma surpresa descobrir que *Back To Black* é tão leve em algumas partes quanto carregado em outras. Ninguém pode acusar a voz de Amy de não ter luz ou sombra suficientes, estendendo-se à vontade em 'Rehab', reduzida a um murmúrio rouco em 'Tears Dry On Their Own', melada em 'Love Is A Losing Game'. Classicismo é só parte da história aqui. A maior delícia desse disco vez é sentir Winehouse, uma garota totalmente da primeira década do século XXI, raspar a pátina das eras com sua sinceridade".

A crítica do *The Jewish Chronicle* apresentou Amy como uma mulher "com tatuagens", que "fala palavrão como um estivador" e "fuma maconha". Após uma revisão das raízes no neo jazz de *Frank* e do caminho daquele álbum paralelo ao trabalho de Norah Jones, Katie Melua e Jamie Cullum, o autor da crítica vai enfim direto ao assunto, identificando a grande diferença entre *Back To Black* e *Frank*. Descrevendo Amy como parecendo "ainda mais uma mulher negra americana de 43 anos", a crítica acrescenta que "o vocal trêmulo da cantora não demonstra sua idade, código postal, nada". Ao concluir que as canções vêm todas "mergulhadas no espírito de balada do blues e do soul neo-Motown", termina dizendo que mais uma vez Amy se revelou "uma artista incrivelmente talentosa".

Já o *The Daily Telegraph* usou as seguintes palavras: "*Back To Black* vê uma Winehouse triunfante recusando aquelas plácidas influências lounge e entrando no glorioso, agitado e ébrio território do doo-wop. Pense em um som bombástico com versos descaradamente grudentos e letras inteligentes, modernas, do tipo que lavam a alma. Pense em Ronnie Spector, Etta James, Edith Piaff e Marlene Shaw, mulheres cujos homens favoritos são os *bartenders*".

As críticas, enfim, foram todas favoráveis e pareciam considerar o álbum um clássico instantâneo. Essa reação calorosa contribuía para a disposição novamente alegre de Amy. Ela estava apaixonada de novo e namorando com Alex Jones-Donelly (às vezes chamado de Alex Claire), ex-executivo da Radio 1 que virou chefe de cozinha desde junho de 2006. O namoro duraria nove meses, estendendo-se até 2007, até ela romper com Jones-Donelly em março daquele ano e reatar com Blake Fielder-Civil. Nas fotos, ele se parece muito com o nostálgico fã de ska de Camden, cabelos loiros e curtos, jeans, jaqueta ao estilo dos anos 50 com ziper e forro de tartan e o que parece ser uma camisa Fred Perry por baixo. O tipo de indivíduo que compareceria a um show de retorno do Madness.

Em julho de 2005, Jones-Donelly foi convidado para entrar na EMI Music Publishing, reportando-se a Guy Moot, no posto de vice-presidente sênior de Artista e Repertório (A&R). Isso significava sua saída da Radio 1, onde era diretor musical e de música ao vivo. Moot ficou encarregado do contrato de divulgação de Amy na EMI, o que provavelmente explica como os dois começaram a se relacionar. Ele começou na Radio 1 em 1997, como programador de música, até se tornar diretor musical em 2000. Em junho de 2004, foi promovido ao cargo que ocupava até a EMI contratá-lo. Antes de trabalhar na Radio 1, ele fora funcionário da Kiss FM por sete anos. Também trabalhou em uma loja de discos, onde sua especialidade era lidar com 12 *singles* de dance music, na MCPS, onde se especializou também em fazer covers de dance music e, além de tudo isso, também organizava baladas. Na Radio 1, algumas de suas principais realizações foram desenvolver um programa de show ao vivo na estação e dar um empurrãozinho na carreira de artistas como The Streets, Joss Jones, Dizzee Rascal, Franz Ferdinand, The Killers e Coldplay.

Na época de *Back To Black*, Amy, influenciada pelo relacionamento com Jones-Donelly, estava animada e em boa forma, após sair do período infernal de depressão após o rompimento com Fielder-Civil, não só por ter escrito e composto sobre seu drama, mas também, por um motivo mais superficial, por frequentar uma academia de ginástica. Amy contou ao *The Observer* que parou de fumar e estava se viciando em atividade física agora.

"Os jornais vivem falando que perdi peso, mas nem percebi isso enquanto perdia. Antes eu gastava mais ou menos £200 por semana em erva, o que é nojento e me levava a comer só porcarias por impulso. Perdi peso quando parei de fumar e comecei a frequentar a academia. Gosto de lá porque está sempre cheia de homens suados que me animam e põem minha adrenalina em movimento. Lá você quer suar e ficar bonita. Quando vou para uma academia de mulheres, elas olham para mim como se dissessem, 'quem você está tentando impressionar?' Na academia dos homens, é diferente, é do tipo 'corra, garota, corra!' Gosto que eles olhem para mim, sou competitiva".

Contradizendo essa nova imagem saudável, Amy apareceu no *talk show* da cantora Charlotte Church embriagada, em uma sexta-feira, 13 de outubro. O *Jewish Chronicle* publicou uma matéria sobre sua apresentação com o título de "Winehouse cheia de vinho" [*wine house* – literalmente, casa de vinho]. Segundo o jornal, "Amy parecia ter dificuldade para ler o teleprompter (autocue) e olhava para a câmera quando mostrava outros convidados. Bateu com o pé em uma mesa de vidro ao se levantar e depois esqueceu partes da letra de 'Beat It', de Michael Jackson, que cantou com Charlotte Church.

O dueto Chuch/Amy de "Beat It" foi tensão televisiva pura, do mais alto calibre. Enquanto Church, versada nos clássicos, realmente cantou a canção, Amy enrolava como uma cantora de karaokê em um barzinho provinciano na sexta-feira à noite. Foi uma daquelas cenas de tevê trágicas, com a música balançando de um momento hesitante para outro e o telespectador tendo a impressão de que a música está à beira de um colapso. A *Contactmusic* relataria, depois, estas palavras de Church a respeito do dueto: "Amy esquecia a letra o tempo todo. Eu disse a ela, 'quando eu apertar você, é sua vez de cantar'. O tempo todo precisei cutucá-la nas costas".

O *The Daily Mirror* fez uma matéria sobre o programa com a seguinte manchete: "Amy Wino – Cantora Bêbada no programa de Charlotte Church". E a matéria dizia: "É preciso muito para eclipsar a mundana Charlotte Church e o veterano renascido do inferno Keith Allen. Mas Amy Winehouse conseguiu, com sua aparência relaxada, no programa de tevê da cantora galesa. A cantora de voz rouca estava, digamos, 'cansada e emotiva' durante a gravação do *The Charlotte Church Show*, na quarta-feira. Parecia perfeitamente composta ao ser apresentada ao público no London Studios, South Bank, mas não demorou até que os efeitos dos líquidos da hospitaleira sala verde começassem a se manifestar. Amy começou a enrolar as palavras e a se confundir com a câmera". O jornal informou que para gravar o dueto de "Beat It" foi preciso filmar três vezes.

Dias depois, o *The Daily Mirror* afirmava que a gravadora de Amy recomendara que ela "maneirasse" na bebida. O jornal revelou o que tinha acontecido no dia da gravação de *The Charlotte Church Show*: "Podemos afirmar que ela tomou champanhe no café da manhã e fez um almoço líquido de vodka, uísque, Baileys e licores. Também parou no bar da sala verde, antes do programa". A matéria também mencionava a preocupação da gravadora de que a reputação de beberrona de Amy começasse a se tornar um problema. Uma pessoa de dentro da gravadora teria dito: "Amy é uma pessoa vibrante e a gravadora ama o fato de ela ter tanta personalidade, mas seu consumo de álcool está ficando sério e fora de controle. Ela comparece a entrevistas meio fora de si e costuma beber mais quando lhe perguntam sobre sua vida. Estamos todos preocupados, com medo de que ela perca a linha de vez. Já lhe dissemos que, se ela não se controlar, precisará procurar um centro de reabilitação para se tratar".

O *The Mirror* também relatou que Amy admitiu ter "um distúrbio alimentar". Ela disse textualmente: "Passei por todos os distúrbios alimentares que se pode ter. Um pouco de anorexia, um pouco de bulimia. Não estou totalmente bem agora, mas acho que nenhuma mulher está".

Falando com exclusividade ao *The Daily Mirror* no fim de outubro, ela mencionou novamente o papel crucial da depressão clínica em sua vida curta até então e explicou que a reabilitação não era para ela. "Tive de ir para saber como era, mas descobri que não servia para mim. Só aumentaria minha ansiedade. Sempre fui propensa à depressão, mas não percebia até que ponto. Tomava antidepressivos e pílula quando era mais nova, mas os hormônios ficavam todos loucos e eu pirava. As pessoas criativas não deveriam tomar antidepressivos ou drogas".

A drástica perda de peso entre um álbum e outro já foi comentada em um artigo no *The Daily Mail*, no verão. O jornal falava de sua frequência à academia, explicando que após uma consulta gratuita inicial com uma instrutora na academia Fitness First, só para mulheres, em Chalk Farm, ela começou a seguir um regime rigoroso de exercícios. O artigo dizia que Amy fazia uma série completa de exercícios aeróbicos para o coração e para queimar gordura, e depois passava para a musculação, usando os vários aparelhos da academia. Segundo a matéria, ela ia à academia seis vezes por semana, sempre entre as 4 e 6 horas da tarde. Citando uma fonte, o jornal especulava que a atenção da mídia despertada com *Frank* deixou Amy preocupada com a imagem. "Embora não se incomodasse com críticas a respeito de sua música, ficava devastada com comentários maldosos sobre sua aparência".

O *The Sun* relatou em dezembro que Amy contou à Entertainmentwise.com algo a respeito de seus distúrbios alimentares com as seguintes palavras: "Já sofri todo tipo de distúrbio alimentar, não me apeguei a um só, até que cheguei à conclusão de que preciso comer e vou engordar uns 6,5 quilos, porque fico bem assim".

Nesse meio tempo, para divulgar o novo som e imagem de *Back To Black*, Amy relançou seu website oficial, www.amywinehouse.co.uk, como parte do marketing de seu novo visual. Agora, ela tinha um novo penteado também, um aplique tipo colmeia, no estilo anos 60, em homenagem aos grupos femininos, em particular Ronnie Spector das Ronettes. Se você comparar fotos de Spector na época de ouro das Ronettes e de Amy quando adotou o estilo, os penteados são idênticos. Posteriormente, ela diria que o aplique aumentava em proporção à sua insegurança. Cabelo como forma de proteção, algo para se esconder atrás. Imagem como rede de segurança.

Para colocar o álbum na estrada, uma parte crucial da campanha para lançar Amy ao *status* de *superstar*, anunciou-se uma turnê séria pelo Reino Unido para novembro. A turnê viria após três shows em setembro antes do lançamento de "Rehab".

O primeiro deles foi em 10 de setembro, no *The Fleece*, em Bristol. O jornal *The Telegraph* comentou o show, dizendo: "De um modo geral, a música ainda é menos interessante do que a própria Winehouse. Ela é engraçada e comunicativa. Sua voz expressiva é uma produção de uma única mulher de *Little Britain*: a falsa pressa de Vicky Polland, o autoritarismo de Marjorie Dawes e a empolgação desvairada daquela mulher interpretada por Matt Lucas, que sempre grita: "maaaaaaaravilhoso!" A crítica fez um comentário obrigatório sobre a nova imagem e a significativa perda de peso. "Ela é mais impressionante do que antes, a enorme boca caricatural, a maquiagem de Cleópatra nos olhos e o misterioso cabelo preto coroando um corpo absurdamente pequeno e pernas finas. A magreza de Amy foi inevitavelmente examinada pelas revistas de celebridades. Sem dúvida, parece improvável que um corpo tão fino pudesse abrigar uma voz tão colossal. De qualquer forma, ela "manda bem", não só diante daquele admirador inicial, boquiaberto".

O *The Independent* também comentou o show, apresentando o seguinte contexto: "Não basta ser astro do pop hoje em dia, é preciso ser uma vítima também. Amy Winehouse, a londrina judia de 22 anos, com a voz rouca de uma cantora de jazz afro-americana madura, saiu das curvas da adolescência e entrou no vício da boa forma". O jornal dizia ainda: "De vez em quando ela se atrapalha, mas dá a volta por cima com indiferença e bom humor".

O show seguinte, no Concorde 2, em Brighton, 11 de setembro, foi comentado pelo periódico local, *The Argus*, cujo crítico não se impressionou. "A apresentação dela foi fraca e não agitou. À medida que ela cantava uma canção após outra, dando não mais que 65% de si, a decepção e a frustração aumentavam. A banda era boa e às vezes muito animada, mas havia a sensação de que eles mesmos esperavam que alguma coisa acontecesse. As novas músicas mostraram-se muito promissoras, com menos inflexões de jazz e mais ska, funky e doo-wop disputando espaço. Mas Amy não conseguiu canalizar o próprio talento. Parecia nervosa, desligada de suas canções antigas e mais de uma vez se atrapalhou nas próprias letras. Talvez ela ficou tímida por causa da presença do namorado na plateia, ou talvez esqueceu aquele lance de 'meu namorado me magoou'".

O *The Guardian* esteve em seu terceiro show, no Bloomsbury Ballroom em Londres, em 12 de setembro, para avaliar como o som especial do *Back To Black* soaria ao vivo. A crítica também se concentrou na perda de peso de Amy e no jogo de adivinhações que seria o *single* "Rehab": "Os problemas de Winehouse são a essência de sua música e as emoções que provocam se projetam em sua voz rouca. Esse é o ponto de venda dela: sua habilidade para evocar a vida como uma boêmia de Londres que se envolveu com o cara errado em um contexto de jazz. A diferença, três anos depois de *Frank*, é que ela adquiriu sutileza. Antes, ela agredia. Hoje, protegida por uma boa sessão de metais e *backings* masculinos, ela acaricia". O comentário prossegue destacando os elementos da nova Amy: "A primeira metade do trabalho é uma série de confecções sonhadoras de jazz e blues. A segunda metade, na qual se destacam as novas canções, é mais quente e afiada. A sacanagem de Mr. Jones é denunciada no embalo de 'Me & Mr' Jones' e na exuberante 'Back To Black' ela aconselha um garanhão a voltar para a antiga namorada. A voz de Amy alcança um urro e as garotas na plateia gritam em coro com ela. Ela é pequena, mas poderosa".

Em 30 de outubro, Amy tornou-se centro de outra controvérsia, quando compareceu à cerimônia de premiação anual da revista *Q*. Durante um discurso de Bono, do U2, que recebia o prêmio de Banda das Bandas, ela interrompeu o irlandês politicamente ativo, gritando: "Cale a boca! Não estou nem aí com isso!" Foi um momento em que a franqueza de Amy atravessou o limite da compostura. Independentemente do que qualquer um sinta em relação a Bono e suas falas, ele é uma figura icônica na história do rock'n'roll e o clima ficou estranho: uma artista muito jovem, promovendo seu segundo álbum, precisando provar tudo, desrespeitando o distinto vocalista de uma das maiores bandas do mundo. Alguns se envergonharam por ela, sentindo que Amy cometera um deslize da maior ordem. Outros acharam o desabafo hilário, ficaram maravilhados pelo fato de alguém ter a coragem de confrontar o zelo político de Bono e deixar claro sua falta de interesse por ele. Seja como for, a gravadora e os empresários devem ter percebido o potencial de sua persona franca e aberta de explodir a qualquer momento.

Um sinal claro de que sua música conquistava o grande público ocorreu no início de novembro, quando começaram os rumores de que os produtores do próximo filme de James Bond pensavam em convidar Amy para compor e gravar o tema principal do filme que se intitularia *Bond 22*. Esse era outro indicador importante de que ela deu um salto gigantesco em popularidade de *Frank* para *Back To Black*, entrou de sola no mercado das massas e, como resultado, estava destinada ao grande sucesso.

Na onda daqueles três shows provocantes em setembro, ela embarcou em uma turnê de dez dias pelo Reino Unido, começando na Liverpool Academy 2 em 10 de novembro, indo ao Leeds Wardrobe no dia 11, Glasgow's Oran Mor no dia 12 e chegando a Londres em 14 de novembro, quando ela se apresentou no Koko.

Para promover o show de Glasgow, Amy deu uma entrevista muito sincera ao jornal *Scotland On Sunday*. O repórter definiu o contexto: "Três anos após *Frank*, lidando com um distúrbio alimentar e um rompimento amoroso que a fez querer se matar, Winehouse volta, mas seu retorno está longe de ser tranquilo".

O repórter menciona em seguida as peripécias de Amy cada vez mais visíveis aos olhos do público. "Quando esteve no *Charlotte Church Show* recentemente, Winehouse estava tão embriagada que seu final cantando 'Beat It', de Michael Jackson com Church foi completamente incompreensível. Quando menciono isso a ela, porém, esperando ao menos um toque mínimo de vergonha, ela ri e diz que mal pode esperar para ver".

Amy, então, diz com sua típica sinceridade: "Sou apenas uma garota que às vezes mete os pés pelas mãos. Às vezes, minha cabeça está no devido lugar, com os parafusos certos, mas na maior parte do tempo, eu me perco e saio de linha como todo muito. Mas porque sou defensiva e sensível, falo logo o que penso. Não sou uma bêbada legal".

Pressionada a comentar a história de "Rehab", Amy disse ao jornal: "Acho realmente que se você tem problemas e não for capaz de resolvê-los, está encrencada. Mandaram-me também para a reabilitação alimentar e foi exatamente a mesma coisa que a dos alcoólatras. Entrei e disse, tipo: 'Não preciso disso' e saí de novo. Tive de dizer a mim mesma, 'Amy, você não é a rainha do mundo e não sabe tudo'".

Ela mencionou também algumas rusgas em seu relacionamento com Jones-Donelly. Disse ao jornal que eles viviam juntos em Muswell Hill, na região norte de Londres, dividindo o espaço com amigos e para ela as coisas estavam estacionárias. "Nosso relacionamento se tornou muito caseiro e não há mais romance, nem fogos de artifício. Mas vou fazer as coisas darem certo, porque eu o amo muito".

Quando a turnê chegou a Londres, a *NME* estava lá para comentar o show em Koko, e disse o seguinte a respeito da persona em palco de Amy: "Ela é como uma Rainha Mãe selvagem, bebendo chardonnay durante um conflito acalorado, exceto pelo fato de que as únicas bombas jogadas no show eram musicais, carregadas de soul. Ah, e a Rainha Mãe nunca pareceu um cruzamento de Ronnie Spector e uma mulher tatuada e premiada de Coney Island".

Em 16 de novembro ela se apresentou na Birmingham Academy 2, no dia seguinte na Manchester Academy 2 e por fim no Norwich Waterfront, em 18 de novembro. Amy teria se envolvido em um bate-boca com alguém da plateia no Waterfront, conforme noticiou o *Norwich Evening News*: "A artista, tão famosa por suas desventuras alcoolizadas quanto por suas populares melodias de blues, foi convidada a sair da área após um confronto com um arruaceiro, logo depois de sua apresentação no Waterfront, sábado passado". O jornal, em seguida, citou um funcionário, que teria dito: "Na Meltdown Disco, após o show, a senhorita Winehouse estava batendo papo. Não gostou do comentário de um rapaz e foi tirar satisfação, porque ficou irritada. Houve certa comoção. Os seguranças fizeram o que são treinados para fazer. O jovem foi levado para fora e pediram à senhorita Winehouse que saísse do local".

Em 16 de novembro, a BBC comentou a presença de Amy no famoso *quiz show Never Mind The Buzzcocks*. Assim como no *The Charlotte Church Show*, suscitou um amplo debate. (Ela já apareceu no programa antes, em um episódio cujo apresentador fora Mark Lamarr, que foi ao ar em março de 2004). Os outros convidados, além de Amy, eram Andrew Maxwell, Alex Pennie e Penny Smith. Amy foi apresentada pelo apresentador Simon Amstell como "A judia do jazz que ganhou o Ivor Novello". Ela fez parte do time de Bill Bailey, concorrendo contra a equipe de Phill Jupitus.

Logo no começo do programa, Amy pediu um drinque a Amstell. Ele lhe disse que não podia e explicou: "Você já está um pouco altinha, Amy". E prosseguiu: "Você quer que a gente fique aqui, enquanto você bebe até morrer?". Em seguida, ele pergunta se ela pretende ser como Pete Doherty e ela diz que vai se encontrar com ele depois para falar sobre o dueto. Amstell, então, recomenda que não vá e sugere que ela se encontre com Katie Melua, sua ex-colega da BRIT. Amy responde: "Prefiro pegar Aids felina, obrigada".

Em um momento, Amstell agradece a Amy por sua presença no show e diz que faz parte da nova posição da BBC "ter mais judeus, menos emissões de carbono". Em certo ponto, Amy cospe no chão e Amstell, em tom de brincadeira, reclama, dizendo: "Você chega aqui, cheia de crack, cuspindo nas coisas". Amy responde: " Para com isso, por favor". E Amstell diz: "Eu gostaria que você parasse com o vício. Quero você de volta. Isso já não é mais um quiz show, é uma intervenção, Amy".

A participação de Amy foi irreverente, brincalhona, carismática, mas novamente tensa, o que levou algumas pessoas a comparar com a presença igualmente embriagada na tevê do ator encrenqueiro Oliver Reed. Comparada com sua última aparição na tevê, quando se portara de forma tímida e reservada, lá estava agora a Amy de *Back To Black*, maior que a própria vida, dando toda a impressão de estar caminhando em uma corda bamba. Parecia ao mesmo tempo muito segura de si e precariamente insegura. O cabelo e as tatuagens pareciam lhe oferecer proteção, um muro atrás do qual podia se esconder. Como a televisão era divertida e maliciosa, tornava Amy querida para os telespectadores que gostam de convidados provocantes e teimosos.

Durante todo o programa, enquanto aludia ao novo *status* de Amy como queridinha dos tabloides, seus comentários abordavam o mistério do motivo pelo qual ela foi a um centro de reabilitação. Suas referências a vício, crack e álcool, sem falar da questão da intervenção, pareciam estranhas. A intriga acerca dos hábitos de Amy chegava a um ponto de ebulição e o comentário de Amstell por Amy já estar um pouco " altinha", quando ela pediu um drinque, refletia uma preocupação crescente por ela talvez estar exagerando. Se a Amy Winehouse de *Frank*, convidada do programa em 2004, parecera tímida, educada, esta atual, cuspindo na frente da câmera, parecia um problema típico do rock'n'roll. A cena alimentava a imagem criada pelos tabloides e selava sua reputação como uma figura selvagem, ultrajante, cada vez mais imprevisível.

Em 24 de novembro, uma matéria sobre a participação de Amy foi publicada no *The Jewish Chronicle*, destacando a brincadeira judaica entre Amstell e ela. Parte do artigo dizia: "O ponto alto foi a rodada das letras, na qual, em vez de pedir a Amy que desse a letra de uma música de Led Zeppelin ou das Supremes, como é tradicional no programa, o bom menino judeu Amstell resolveu testar os conhecimentos de Winehouse sobre música folclórica hebraica. Vergonhosamente, ela não conseguiu reproduzir totalmente o verso seguinte de *Hava Negila*, e Amstell precisou informá-la, com um hebraico perfeito, que a resposta era *venismechah*".

Enquanto isso, a turnê seguia para o Cambridge Junction, em 10 de novembro, e no dia 21 ela voltou a Bristol, para se apresentar na Carling Academy. Em 24 de novembro, Amy concluiu a turnê de 10 dias, apresentando-se no evento Little Noise Sessions, Acoustic At The Union, na Union Chapel, em Islington, Londres, ao lado de Mika e Bat For Lashes. O evento, organizado por Jo Whiley, era uma campanha para angariar fundos para a instituição de caridade Mencap, que trata de pessoas com dificuldade de aprendizagem.

No começo de dezembro, o *The Irish Times* fez uma entrevista com Amy empolgada de novo com os grupos femininos que inspiraram elementos de *Back To Black*. Ela disse ao jornal o que particularmente apreciava em cada um de seus grupos favoritos: "As The Shangri-Las são muito dramáticas e cheias de clima. As The Ronettes, muito estilosas. As The Shirelles tinham brilho e atitude, tinham vulnerabilidade". Em seguida, explicou por que gostava tanto daquele tipo de música: "Eu amava as canções de coração partido que elas cantavam, principalmente de seu som celestial . Mas elas também falavam do sofrimento que a gente encontra no fundo de uma garrafa de uísque. Elas sabiam o que era tristeza".

Amy também refletiu sobre as mudanças em sua vida pessoal, falando mais uma vez de sua transição do vício em erva para a devoção à boa forma: "Não fumo mais, por isso não vivo mais tão na defensiva como antes. Não sou mais tão insegura. Vou à academia, corro muito e estou muito mais saudável".

Ao relembrar como *Frank* foi feito, ela admitia que na época não teve tanto controle do som como queria. "Quando você tem um produtor muito mais experiente que você, acaba ficando um pouco, tipo 'tudo bem, ok' no estúdio e deixa as coisas acontecer. Quando fuma erva, você não se preocupa com mais nada, exceto com quem tem o próximo baseado".

Ela disse ao jornal também que o álbum levantou várias questões em termos de marketing. "Foi meu primeiro álbum e eu não sabia o que estava fazendo, então aprendi enquanto trabalhava. Acho que a gravadora também não tinha ideia, eles também estavam em uma curva de aprendizado".

A entrevista dava algumas noções do relacionamento dela com Jones-Donelly. Ela falava dele como uma influência tranquila, uma força estabilizadora em sua vida. Isso transparece nas fotos do casal da época em que Jones-Donelly aparece carregando a bolsa de Amy. Ele cuidava dela. Apesar de toda a conversa sobre corrida e academia, Amy admitiu que ainda adorava uns drinques. "Bebo muito e sou uma bêbada ruim, uma bêbada muito violenta. Só quando comecei a namorar com Alex foi que percebi que beberrona horrível eu sou. Meu ex-namorado dizia coisas do tipo: "pare de fazer isso, você é uma idiota" e brigava comigo quando eu bebia, o que só me deixava pior. Com Alex, ele só falava no dia seguinte, quando estava sóbria. Ficava envergonhada quando descubria que dei seis socos no rosto dele. Claro que isso me faz querer parar. Eu tento realmente não beber, mas sou uma pessoa muito autodestrutiva".

O jornal prosseguiu com a entrevista duas semanas depois, com uma retrospectiva de final de ano, lamentando: "Amy Winehouse recebeu muita atenção em 2006, infelizmente tanto por seu problema de bebida quanto pelo poderoso álbum *Back To Black*. É uma pena, porque o álbum é atrevido e mordaz, com Winehouse em perfeita harmonia com suas irmãs do soul, no melhor disco aspirante à Motown do século XXI".

A *NME* relatou que Amy planejava dividir uma faixa com Pete Doherty do Babyshambles, algo que Amy mencionara superficialmente no programa *Never Mind The Buzzcocks*. A notícia mencionava que Doherty queria fazer um dueto com ela com uma canção de Billie Holiday, mas Amy não gostou muito da ideia. Ela teria dito à BBC Radio Six: "Eu disse, 'ah, não, vamos compor alguma coisa juntos'. Gosto de escrever canções. Ele é um supercompositor e eu adoraria dizer que compus uma música com Pete Doherty".

Ela terminou o ano no *Hootenanny* de Jools Holland, ao vivo na televisão. Cantou uma versão de "I Heard It Through The Grapevine" de Marvin Gaye, com Paul Weller, depois cantou um cover de "Monkey Man" de Toots & Maytals.

Foi um final de ano atribulado, um outono de extremos, com Amy sendo levada por uma onda de entusiasmo com *Back To Black*, maior do que se podia esperar ou desejar. Seus vários momentos controvertidos, como *The Charlotte Church Show*, *Never Mind the Buzzcocks*, a provocação a Bono no Q Awards aumentaram o falatório iniciado com "Rehab" e trouxe sua vida ao microscópio da mídia. Aquela canção pergunta ao ouvinte: A narradora, isto é, Amy Winehouse, precisava de tratamento para dependência ao álcool, ou pior, alcoolismo?

Nas entrevistas para promover o álbum, ela ria de seu episódio com a reabilitação, dizendo que foi absurdo, que só concordara em se consultar porque seu ex-empresário pedira. Ela reiterou que era da velha escola, acreditava na capacidade de uma pessoa em resolver sozinha os próprios problemas. Não acreditava no conceito de um centro de reabilitação, nem achava que precisava de uma consulta, para começo de conversa. Do jeito como via a coisa, era pura bobagem. Vivera um relacionamento intenso que entrou em combustão, deixando uma dor que a levara à depressão e as duas coisas a fizeram afogar as mágoas no álcool. Acabou compondo um álbum a respeito dessa época dolorosa, tocou o barco, conheceu outro homem, começou a frequentar uma academia de ginástica e perdeu um pouco de peso, fim da história.

Aquelas polêmicas aparições em público, contudo, sugeriam que nem tudo ia bem, que ela estava à beira do abismo, vulnerável diante da crescente fama e notoriedade. Ou será que ela apenas estava se divertindo com toda aquela atenção? Brincando com tudo, como muitos artistas antes dela já fizeram, uma vez colocados sob os holofotes com tremenda rapidez?

Kurt Cobain, do Nirvana, não alcançou a fama xingando, derrubando amplificadores em programas de televisão e vociferando contra uma mídia que buscava insanamente a atenção dele após o sucesso estrondoso de "Smells Like Teen Spirit" e *Nevermind*? Amy não estava caindo no clichê da fama pop/rock, ganhando proeminência em um misto de alegria e terror? Será que ela se sentia à vontade com toda a atenção ou completamente desconfortável?

Independentemente do que estava acontecendo, ela terminou o ano de 2006 segura de que sua carreira ia de vento em popa. *Back To Black* seria lançado nos Estados Unidos, uma clara mensagem da gravadora de que ela quebrara a barreira comercial, entrando nas mais altas escalas. No mercado doméstico, o disco vendia maravilhas e desfrutava da segunda posição na lista de álbuns no Reino Unido.

De repente, lá estava ela, na véspera do Ano-Novo, ao vivo na televisão, cantando com Paul Weller. Tudo era música de novo, só doce música, não mais o circo de Amy Winehouse, uma jovem com problemas que escancara seu coração. Assim que as coisas deveriam ser. Música, em primeiro lugar. Artista, em segundo. Mas o equilíbrio estava ameaçado. No ano que começava, a música perderia uma batalha após a outra em termos de interesse público.

Capítulo 9

This Year's Kisses
Os beijos deste ano

A cidade era Nova York, claro. Onde mais lançar Amy Winehouse nos Estados Unidos? Los Angeles seria muito suave, muito fascinada com uma lista de celebridades convidadas. Chicago pareceria indicar que a gravadora não acreditava apresentar a maior estrela da música pop britânica ao público americano. Atlanta ou Nova Orleans seriam discretas demais. Seattle ainda usava a marca do grunge, não serviria para uma artista promovendo um disco como *Back To Black*. Miami explicitaria muito a possibilidade de conquistar o público da *dance music*, das baladas e jogaria Amy no cenário dos remixes e do estrelato na pista.

O objetivo era a dominação nacional, de leste a oeste. Se *Back To Black* tinha o potencial que todos os participantes julgavam ter, não havia motivo para Amy não se apoderar de todo o mercado musical americano e virá-lo de cabeça para baixo.

Para alcançar tal meta, claro que eles lançariam o álbum em Nova York.

O cenário da chegada de Amy em solo americano foi um local deliberadamente modesto em Manhattan chamado Joe's Pub. A pequenez do lugar e a discrição do arranjo para uma apresentação lá foram sinais de uma genialidade de marketing. Em um local daquele tamanho, não haveria como combinar a demanda de ingressos com os lugares para convidados. Quando se espalhou a notícia de que Amy estava chegando, foi como despejar um oceano num dedal, a estratégia exata que fora planejada. *Back To Black* tinha data de lançamento nos Estados Unidos agora, 13 de março de 2007. A data permitia que o álbum crescesse como bola de neve no Reino Unido e na Europa, chegando a um sucesso febril. Quando ele chegou às lojas americanas, já estava à venda no Reino Unido havia quase cinco meses. Na época, o boca a boca em torno de *Back To Black* inflamou a mídia, criando uma enorme demanda pelo disco. Em termos de lançamento, a Island/Universal vendeu o álbum para a Universal Republic, nos Estados Unidos.

O Joe's Pub, com 160 cadeiras, parte do Public Theater, fica em East Village, 425 Lafayette Street, entre Astor Place e a East 4th Street. Desde 1998, o clube já abriu espaço a artistas como Alicia Keys, Eartha Kitt, Bebel Gilberto e Norah Jones, e essa linhagem preparou um bom caminho para a estreia norte-americana de Amy, em uma terça-feira, 16 de janeiro de 2007. Ela chegou aos Estados Unidos em grande estilo. Em casa, *Back To Black* alcançou o 1º lugar na lista de álbuns no Reino Unido. Ela não podia ter chegado aos Estados Unidos em momento melhor, nem com uma história de sucesso maior. Os ingressos para o show se esgotaram tão rápido que o clube marcou uma segunda apresentação para o mesmo dia, às 11 da noite. Ela subiu ao palco acompanhada pelos Dap-Kings, que obviamente participaram de muitas canções do álbum, embelezando o disco com seus magníficos toques especiais de soul.

Na Inglaterra, outro *single* de Back To Black era lançado, "You Know I'm No Good". Chegando ao mercado em 5 de janeiro de 2007, também vinha com uma capa poderosa, condizente com a identidade explícita de *Back To Black*. Uma das versões do CD mostrava uma foto de rosto de uma Amy contemplativa, reclinada em uma banheira. Outra a trazia sentada na frente de um muro, usando um vestido verde e branco, desafiadora e provocante. Visando ao mercado americano, outra versão do mesmo *single* trazia um remix de "You Know I'm No Good" feita por Ghosface Killah do Wu-Tang Clan. Entre outras faixas em vários formatos havia uma versão ao vivo de "To Know Him Is To Love Him" e um cover de "Monkey Man" de Toots & The Maytals.

A ligação dela com um peso pesado do hip hop como Ghostface Killah lhe dava credenciais impecáveis para a entrada no mercado americano. Isso também foi bom para sua reputação em casa. Apesar de sua imagem prejudicada em *The Charlotte Church Show* e *Never Mind The Buzzocks*, o remix da faixa feito por Ghostface Killah, incluindo o rap rouco, marca registrada dele, restabeleceu seus créditos. Nascido em Staten Island, Nova York, em 1970, o rapper participara das gravações originais do Wu-Tang Clan, bem como de vários álbuns solo, como o aclamado *Supreme Clientele*. No Reino Unido, o *single* acabou chegando ao 18º lugar, quase doze lugares abaixo de seu predecessor, "Rehab".

Na multidão no Joe's Pub havia uma variedade impressionante de convidados distintos, incluindo Jay Z, Mark Ronson, Dr. John, Alice Smith e Mos Def. Segundo uma crítica na revista *Spin*, Amy "subiu ao palco vestida como a típica Garota Bond da era de Sean Connery" e deslumbrou a plateia com "seu sussurro sedutor e sua impressionante acrobacia vocal". A *Village Voice* descreveu a entrada de Amy nestes termos: "Acompanhada de uma incrível banda com dez membros, ela agitou o palco minúsculo como uma Ronette completa, saída do inferno, incluindo delineador preto e grosso, penteado fabulosamente bufante e um vestido coquetel justo sem alças".

A *Entertainment Weekly* comentou: "Na Inglaterra, Amy Winehouse é um estrela pop e presença regular no tabloide por causa de seu comportamento ultrajante, seus supostos distúrbios alimentares e as apresentações que ela faz muito embriagada. Os rappers atrevidos não vieram ao show pela fofoca, com certeza. Claro que Winehouse mantém os colunistas de fofocas ocupados, mas sua estreia em Nova York mostrou que ela é muito mais que mero escândalo".

O próprio tabloide *The Daily Mail* mandou um repórter ao local, que escreveu o seguinte: "Apesar de se mostrar um pouco nervosa, Amy conquistou a multidão, da qual faziam parte Jay-Z e Mos Def, com seus vocais cheios de jazz, perfeitamente em sincronia com a banda funk. A julgar por seu desempenho, parece que os boatos de que Winehouse, indicada para dois Brit Awards, precisa urgente de reabilitação após interromper um show logo depois da primeira música por se sentir "cansada e emotiva" são prematuros".

Na manhã após o show, chegava a notícia da Inglaterra de que Amy recebera duas indicações para o BRIT: Melhor Artista Solo Feminina Britânica, que ela disputaria com Corinne Bailey Era, Jamelia, Lily Allen e Nerina Pallot, e também o prêmio Mastercard para o Melhor Álbum Britânico, concorrendo com Arctic Monkeys, Snow Patrol, Lily Allen e Muse. Os shows no Joe's Pub ajudaram a acalmar a tempestade após sua apresentação desastrosa no G.A.Y. Club em London's Astoria, no sábado, 7 de janeiro. Foi esse o show ao qual aludia o *The Daily Mail*, quando Amy abandonou o show após o primeiro número. Ela subiu ao palco, cantou com dificuldade e, depois, voltou aos bastidores. Segundo uma matéria no dia seguinte, no *The Sun*, "Ela fugiu após a primeira canção, e pelo que eu soube, foi culpa da Kelly Osbourne, pois as duas beberam o dia todo. Os fãs furiosos estão exigindo o reembolso agora.

Um deles me disse que Amy cantou uma música muito bem e depois se mandou. O organizador apareceu no palco e disse que Amy estava vomitando e que precisariam ter paciência, pois ela voltaria. Mas não voltou. Todos começaram a vaiar". Dois meses depois, Amy contou ao periódico canadense *Chart Attack* o que ocorreu naquela noite e pôs a culpa na viagem de avião. "Desci do avião, fui me divertir com minha amiga, falar bobagem, beber um pouco e fui direto para o show. Obviamente, não consegui".

Em Nova York, ela deu uma entrevista ao *The Washington Post* durante a qual disse ao repórter que certos aspectos de sua vida pessoal, certos problemas, foram exagerados pela mídia. O repórter reproduziu os pensamentos de Amy nos seguintes termos: "Winehouse fala de vários relatos não publicados de sua suposta bulimia, anorexia e distúrbio bipolar, dizendo que 'foram exagerados'. Admite que sofre de depressão e que não é a pessoa mais segura do mundo. Mas, segundo ela, nenhum músico é". O artigo também teorizou sobre o sucesso de Amy, citando Bill Bragin, ex-diretor do Joe's Pub, dizendo: "Ela tem uma voz fantástica, músicas fantásticas, já criou uma persona maior que a própria vida. Possui todos os elementos de uma estrela. Tem o talento, mas há algo nela que vai parar em Perez Hilton, embora nem tenha um disco nos Estados Unidos ainda. Ela é o que há".

O blogueiro de celebridades Perez Hilton (www.perezhilton.com) de fato escrevia muito a respeito de Amy, dando-lhe o mesmo espaço no blog que dava a celebridades como Britney Spears, Victoria Beckham e Jennifer Aniston. Os comentários atribuídos a Bill Bragin estavam exatos. Lá estava uma artista britânica, ainda sem um *single* lançado nos Estados Unidos, cuja vida pessoal já era fonte de fascínio em certos círculos americanos. Sua notoriedade nos tabloides britânicos atravessou a internet e tornou-se um fenômeno. Suas peripécias desde o lançamento de *Back To Black* tornavam-se populares como uma telenovela e as pessoas estavam fascinadas, ligadas no desenrolar da saga.

O artigo do *Washington Post* terminava com Amy chegando atrasada para uma sessão de fotos. O repórter observa: "Ela é tímida e está tremendo. Gagueja ao falar e procura as palavras, seus olhos estão cheios de lágrimas. O braço esquerdo tem hematomas. Alguma coisa causou o ferimento, mas ela não sabe o que foi. 'Bebi e não me lembro'".

De volta à Inglaterra, ela começou outra turnê no Reino Unido, mais uma vez pelas cidades-chave. O primeiro show foi no Cambridge Corn Exchange, em 1º de fevereiro, depois ela fez um intervalo de duas semanas até continuar no Southampton Guidhall em 18 de fevereiro, indo para Wales, onde se apresentou na Universidade de Cardiff, em 19 de fevereiro, e depois às Midlands inglesas para um show na Birmingham Academy em 21 de fevereiro. No dia 23, ela se apresentou na Liverpool Academy, dois dias depois na Manchester Academy e no dia 26, o ônibus da turnê visitou o *campus* da Universidade de Northumbria. No dia seguinte, foi a vez da Glasgow Academy, antes de uma breve folga. A turnê continuou em 3 de março no Sheffield Octagon, passando para a Nottingham Rock City no dia 5 e planejada para terminar nas duas noites de 8 e 9 de março, no Shepherd's Bush Empire em Londres. Importante a ponto de esgotar os ingressos para as duas noites, um local tão grande em Londres, Amy deve ter gostado de ver como sua popularidade crescia.

No meio da turnê, em 14 de fevereiro, foi realizada a cerimônia dos BRIT Awards na área de Earl's Court em Londres. Foi uma noite fantástica para Amy, ela ganhou o prêmio de Melhor Artista Solo Feminina, derrotando uma concorrência de peso. O discurso de agradecimento foi muito simples, ela disse que estava feliz pela presença dos pais na plateia. A premiação confirmava oficialmente seu nível de popularidade e parecia ressaltar o que a atenção da mídia e as vendas dos discos indicavam (*Back To Black* já vendera 500 mil no Reino Unido e continuava na primeira posição na lista de álbuns): não havia no momento nenhuma artista mulher no meio artístico britânico.

Ela também compareceu à cerimônia do *Elle* Style Awards, ao lado da amiga Kelly Osbourne, célebre filha do roqueiro Ozzie e de sua mulher *high-profile* Sharon. O site do *The Evening Standard* postou fotos de Amy tiradas durante a cerimônia que levaram à especulação de que ela se flagelava. "Ela foi vista na *Elle Style Awards* neste ano com marcas vermelhas no corpo, cortes e arranhões nos braços. A cantora afirmou que levou um tombo durante um desmaio causado por álcool, em Nova York".

A foto de Amy e Kelly vinha com a legenda: "Amy Winehouse com Kelly Osbourne: Nesta foto recente, os sinais de autoflagelo de Amy são claros". O *The Daily Mail* observou também que a cerimônia desencadeou preocupação e especulação: "As imagens do braço arranhado e com cicatrizes despertou rumores de que talvez ela esteja infligindo ferimentos a si própria".

Os shows no Reino Unido não foram tranquilos e Amy acabou cancelando os dois shows do Shepherd's Bush Empire. Um porta-voz informou a mídia de que as apresentações seriam remarcadas para 28 e 29 de maio. Amy precisou se desculpar em público a dois fãs que tinham ingresso para o show de 8 de março: Elton John e David Furnish. O pedido de desculpa foi o seguinte: "Sinto muito (Elton). Haverá outro".

Uma explicação possível para os cancelamentos era que Amy perdera um dente. Depois ela disse à MTV que isso acontecera após ela ter mordido um cubo de gelo e logo depois sentiu um dente balançando, soltando-se da gengiva. Ela pediu ao namorado, Alex Jones-Donelly, que o tirasse, mas ele não quis. Por fim, explicou Amy à televisão, ela mesma puxou o dente até ele se soltar de uma vez e sair. Ela notou depois, como mencionaram muitos jornais e revistas, um buraco no dente.

Nos bastidores, o relacionamento de Amy com Jones-Donelly acabara nove meses depois de começar. Ela ficou arrasada com o rompimento e se sentia cada vez mais cansada com seu ritmo de trabalho. Após o cancelamento dos shows em Londres, o pai de Amy, Mitch Winehouse, disse ao *The Sunday Mirror*: "Não descarto a possibilidade de reabilitação. Amy precisa de uma pausa. A pessoa não vai para a reabilitação só quando termina um namoro. Há outros motivos. Amy precisa descansar. Sua carga de trabalho é absolutamente maníaca. Ela é uma garota movida por emoção. Seu trabalho causou os problemas com Alex. Ele quer vê-la. Não sei se esse foi o motivo do rompimento, mas não seria normal você querer ver o namorado de vez em quando?".

Em meados de março, Amy voltou aos Estados Unidos para dar prosseguimento àquele incendiário show duplo no Joe's Pub com uma mini-turnê em clubes discretos, promovendo o lançamento americano de *Back To Black*. Ela se apresentou no Bowery Ballroom, comparecendo também, em grande estilo, no programa *Later With David Letterman* (cantando "Rehab"), tudo no dia 13 de março. Em seguida, apresentou-se no Universal Republic Showcase, no festival SXSW em Austin, Texas, no dia 15, e no evento da Island UK BBQ no mesmo festival no dia seguinte, antes de embarcar para a Costa Oeste e dar dois shows em Los Angeles, no Roxy Theather em 19 de março e no Spaceland, na sofisticada vizinhança de Silverlake, no dia 20. No caso do evento no Spaceland, a gravadora mantinha a maior discrição possível, contando com a fama que se espalhava a partir dos shows do Joe's Pub. Mas aquele show acabou não acontecendo. Após se apresentar a uma multidão no Roxy Theater, que incluía a presença de Bruce Willis, Courtney Love e Fabrizio Moretti do The Strokes, Amy acabou cancelando a apresentação no Spaceland. A *NME* anunciou: "Dizem que Winehouse acha o local muito pequeno para acomodar sua grande banda".

Quando terminou a turnê por Los Angeles, Amy recebeu a notícia de que *Back To Black* alcançou o 7º lugar na parada de álbuns nos Estados Unidos, vendendo 50 mil cópias só na primeira semana de lançamento. Aquela entrada quebrava um recorde: nunca antes uma artista solo britânica estreou tão alto na lista americana. (Ironicamente, Joss Stone superaria Amy dali a uma semana.) A gravadora deve ter se maravilhado, principalmente porque o álbum de estreia de Amy não fora lançado nos Estados Unidos, o que já estava sendo providenciado agora. A Republic planejava lançar *Frank* nos Estados Unidos naquele mesmo ano. Indicando o estrondoso sucesso da cantora, a influente revista *Rolling*

Stone a incluiu em uma edição especial: "10 Artists To Watch" (10 Artistas para ver de perto), apresentando-a a leitores, com uma equação muito engraçada: "(Aretha Franklin x Janis Joplin) – Comida = Amy Winehouse".

Havia animação no campo dos relacionamentos também, quando, no fim de abril, Amy anunciou que estava noiva de Blake Fielder-Civil, seu ex-namorado que lhe partira o coração e inspirara muitas das canções em *Back To Black*. Era o namorado com quem ela tivera um relacionamento desastroso em 2005, que lhe causara uma depressão quando acabou. No entanto, lá estava ela de volta, um mês após romper com Alex Jones-Donelly, não só namorando Fielder-Civil de novo, mas também fazendo planos para se casar com ele. Além disso, segundo o *The Sunday Mirror*, havia um rumor de que seu noivo queria se converter ao judaísmo, para que o casal tivesse uma cerimônia de casamento judaica no verão. De acordo com o *The Sun*, Fielder-Civil pedira Amy em casamento no dia 23 de abril no apartamento dela em Camden, onde os dois moravam. Amy pensou no pedido durante 24 horas e depois aceitou. Fielder-Civil tirou do bolso imediatamente um anel de diamante da Tiffany & Co.

Enquanto isso, Amy estava de volta aos Estados Unidos para outros shows. Fez uma apresentação incendiária no Coachella Festival em 24 de abril, depois no Popscene em São Francisco no dia 26, no Empire Polo Grounds em Índio, Califórnia, no dia seguinte e, por fim, no Fox Theater, em Boulder, Colorado, em 30 de abril.

No mesmo dia do show em Boulder, a Island lançou a faixa título de *Back To Black* como terceiro *single* no Reino Unido. Com as faixas extras "Hey Little Rich Girl", cover de The Specials e uma versão de "Valerie" de The Zuttons (futuramente incluída no álbum de covers *Version*, do Mark Ronson), o *single* chegou ao 25º lugar na parada do Reino Unido, bem mais baixa do que "Rehab" e "You Know I'm No Good". A capa do *single* mostrava uma Amy esbelta sentada em uma poltrona, com uma mecha loira nos cabelos, olhando para cima como se assistisse a um programa de televisão em um aparelho suspenso na parede ou observasse o céu.

Os shows nos Estados Unidos continuavam: no Varsity Theater em Minneapolis em 2 de maio, no The Schubas em Chicago no dia 3, no Theater Of The Living Arts na Filadélfia no dia 6, no Paradise Rock Club em Boston no dia 7 e no Highline Ballroom em Nova York nos dias 8 e 9 de maio. A turnê terminou com duas apresentações no Mod Club em Toronto, em 12 e 13 de maio.

Com o fim da turnê, Amy e Fielder-Civil embarcaram para Miami, onde corriam boatos de que eles realizariam o enlace lá. Amy não comentou, mas havia uma sensação palpável de que algo aconteceria. E aconteceu mesmo, da típica maneira irreverente de Winehouse, com ela e Fielder-Civil se casando em uma cerimônia particular no Departamento de Licenças Matrimoniais Miami-Date County, Flórida, em 18 de maio. A fábrica de boatos continuou frenética até o publicista de Amy confirmar o casamento. Ela e Blake passaram alguns dias de lua de mel no hotel Shore Club, em South Beach, criado pelo arquiteto britânico David Chipperfield.

Em 24 de maio, a 52ª cerimônia do Ivor Novello Awards foi realizada no hotel Grosvenor House, região central de Londres. Amy fora indicada na categoria de Melhor Canção Contemporânea, com

"Rehab". Concorria com Hot Chip, "Over & Over"; e Bodyrox, "Yeah Yeah". Na noite da premiação Amy triunfou, como fizera na premiação de 2004.

O *The Daily Mail* anunciou depois que Amy e Fielder-Civil teriam uma segunda cerimônia de casamento no norte de Londres para que suas famílias participassem. Amy disse ao jornal: "Estou tão feliz por me casar com Blake! Somos apaixonados há muito tempo, mas só percebemos isso recentemente. As pessoas me dizem que devo fazer um casamento judaico, mas não estou interessada, é bobagem. Vamos apenas ter uma festa de famílias, para comemorar, em dezembro". O jornal afirmava que o casamento na Flórida custara cerca de £60 para o casal, que depois comeu hambúrgueres e batatas fritas no café da manhã". A matéria também dizia que "os pais de Amy, Mitchel, taxista, e Janice, farmacêutica, souberam pelo jornal". Amy falou ao *The Daily Mail* sobre a reação dos pais: "Meu pai aceitou bem; minha mãe, nem tanto. Eu adoraria que minha família estivesse lá, mas foi uma coisa só para nós".

Após a lua de mel, Amy voltou ao trabalho, dando dois shows no Shepherd's Bush Empire no fim de maio. Segundo o *The Daily Mail*, ela teria dito ao público: "Não sei se vocês sabem, mas me casei com o melhor homem do mundo". Todos a viram soprar beijos para o marido, que estava no camarote.

Em 9 de junho, Amy subiu ao palco principal do festival da Ilha de Wight, em um show do qual participaram também Muse, Donovan e Kasabian. Interpretou canções poderosas, como "Rehab", um cover de "Valerie", "You Know I'm No Good", "Cherry" e "Love Is A Losing Game". No dia seguinte, 10 de junho, os Rolling Stones subiram no palco principal e convidaram Amy para cantar com eles um cover emocionante do clássico do soul "Ain't Too Proud To Beg" dos Temptations.

Seis dias depois, a última edição da *Rolling Stone* chegou às bancas de jornais com Amy na capa. Era o sinal mais claro de que ela chegara aos Estados Unidos como artista reconhecida. Com fotos íntimas de Max Vadukul, o artigo profundo, sob o título de "A diva e seus demônios", comentou a rápida ascensão de Amy à fama americana, mencionando que o ícone do rap, Jay Z, mixara recentemente "Rehab" e Prince fazia agora uma versão de "Love Is A Losing Game". O artigo, citando a participação de Amy em *Never Mind The Buzzcocks* e o incidente desagradável com Bono, repetia as palavras de Mark Ronson a respeito do comportamento desmedido de Amy: "Amy traz de volta à música popular um comportamento rebelde do rock'n'roll".

O correspondente da *Rolling Stone* conseguiu fazer uma entrevista tipicamente franca com Amy e não teve medo de fazer as perguntas difíceis. Como esta, por exemplo, a respeito do suposto autoflagelo: "Aponto para meu braço esquerdo e digo que não pude deixar de ver as cicatrizes dela. Pergunto: 'quantos anos você tinha quando começou a fazer isso?' Ela olha para mim, surpresa, mas não tem uma resposta pronta. Continuo: 'estou falando dos cortes'. Ela contrai os músculos e evita o contato olho-no-olho, enquanto diz: 'acho que isso é muito antigo. De uma época ruim, suponho'. Gaguejando, acrescenta: 'U-u-ma época de desespero'. A menção do gaguejo sugere que esses momentos nas entrevistas tornam-se cada vez mais difíceis para Amy. Apresentando-se com total sinceridade, sem hesitação, na época do lançamento de *Frank*, era difícil para ela agora dar meia-volta e usar uma abordagem oposta nas entrevistas. Por isso, as pessoas faziam perguntas íntimas e esperavam respostas íntimas.

A revista *Spin* também pôs Amy na capa de sua edição de julho, enfatizando a batalha de circulação entre duas poderosas revistas de música americanas. A foto da capa, Amy com um vestido de oncinha, as alças caindo dos ombros e expondo a tatuagem de bolso de Blake acima do coração, sublinhava o paradoxo de Amy: ela parecia ao mesmo tempo vulnerável e absolutamente segura de si. A foto foi feita por Terry Richardson, o celebre fotógrafo e descendente estilístico de realistas como Larry Clark e Nan Goldin. Nascido em Nova York em 1965, Richardson era conhecido por seu excelente trabalho, bem como por seus retratos de celebridades. Convidá-lo para fotografar Amy foi o modo que a revista encontrou de brincar com os elementos inconvenientes de sua imagem pública, ressaltando que embora seus discos tenham um apelo pop, ela não era uma estrela pop manufaturada.

Richardson destacou uma sensualidade crua nas fotos, marca registrada do fotógrafo. Observando a sessão de fotos no site Spin.com, você vê um homem mostrando seu modelo de todos os ângulos e perspectivas concebíveis. É o método de um artista cujo trabalho atrai revistas de moda, revistas de estilo, campanhas publicitárias de grifes e colecionadores de arte. Ele ganhou atenção pela primeira vez em meados da década de 1990, e o *The Observer* afirmou que sua reputação vem de seu dom para "fotografar editoriais de moda e anúncios bem iluminados, brutalmente cortados e captados pela câmera com pouca ou nenhuma luz".

Na sessão de fotos no site da revista, enquanto Richardson se agacha, atento, trabalhando com a câmera, Amy fica de pé, encostada em uma parede branca, usando shorts denim e sutiã preto, segurando um pedaço de um espelho quebrado. Ela parece ter escrito com o vidro "I Love Blake" na própria barriga de leve, mas com imensa concentração. Nos arquivos da Spin.com, ao ser fotografada por Blake Amy parece estar numa espécie de transe. Isso combina com as histórias de seu estado dissociativo de autoflagelo. Richardson prossegue com o trabalho, embora se perceba que ele está distraído pelo que a modelo está fazendo.

Os jornais na Inglaterra se agarram à história. Em 27 de junho, quarta-feira, o *London Lite* relatou o incidente com a manchete: "Selvagem Winehouse assusta fãs com autoflagelo durante entrevista". O jornal dizia: "Winehouse, suspeita de cometer autoflagelo, posou para uma foto segurando um pedaço de espelho quebrado para a revista de rock *Spin*. Minutos depois, ela levantou a blusa e escreveu com o vidro I Love Blake na própria pele".

O artigo da *Spin*, cuja manchete de capa era "A noite inteira acordado com Amy Winehouse", começava com uma série de perguntas contextuais: 'Retorno aos anos 60 com a voz mais original do pop? Rebelde *hardcore* ou alvo de tabloides, mal compreendida? A segunda vinda de Aretha ou de Courtney Love?" As perguntas introduzindo a matéria de capa estavam estampadas ao lado de um foto colorida de Amy rindo histericamente, quase com o nariz colado com um galo.

A matéria entrava de cabeça no fenômeno de seu recente sucesso, afirmando: "Três anos atrás, Amy era uma garota inócua, comum, quase sem tatuagem, que sussurrava um neo-jazz, com vendas modestas e sem distribuição nos Estados Unidos, agora ela é Sid Vicious". O artigo mostrava uma Amy surpresa com suas conquistas, ofuscada em meio a tanto brilho. Ela disse à *Spin*: "Não ligo para nada disso e não tenho uma grande opinião sobre mim mesma. Acho que as pessoas também não ligam para mim e não entrei nisso para ser modelo para ninguém. Fiz um álbum do qual me orgulho, só isso. Não acho que sou uma pessoa fantástica sobre a qual precisam escrever".

Em 22 de junho, Amy se apresentou no festival de Glastonbury no primeiro dia à tarde de uma forma surpreendentemente discreta. O jornal *The Guardian* comentou o show, dizendo: "Embora a voz de Winehouse seja impecável ao vivo, às vezes ela soa como um coelho surpreendido por uma luz forte. Só perde o nervosismo depois de algumas canções, mas mesmo assim nunca perde a expressão ligeiramente traumatizada". Em seguida, Amy se apresentou em outros festivais: no Hove em 26 de junho, no Les Eurocknéenes de Belfort, na França, em 29 de junho e no festival Rock Werchter, na Bélgica, no dia 30. Os problemas surgiram pouco antes de seu show programado para a série de concertos Summer Pops em Liverpool, em 4 de julho, e no festival T In The Park, em Kinross, Escócia, em 7 de julho.

No caso de Liverpool, Amy cancelou 15 minutos antes de subir ao palco, decepcionando 4.500 fãs. Um porta-voz explicou que o cancelamento foi por ordem de um médico que a consultou no camarim. No outro caso, começou a circular um aviso escrito no T In The Park dos empresários de Amy, dizendo: "Amy Winehouse infelizmente precisou cancelar sua participação no festival devido à exaustão. Após um ano de incessantes turnês e promoções, ela foi aconselhada pelo médico a tirar uma folga e descansar. Ela pede desculpas aos fãs por esse cancelamento".

Depois disso, ela cancelou também sua apresentação de 8 de julho, no festival Oxegen em Dublin, e do dia 13 no festival Nuke, na Áustria, apelando de novo para a exaustão. Surgiram várias especulações quanto a qual seria o problema. Exaustão por excesso de trabalho? Gravidez? Excesso de baladas? Alguma doença séria?

Amy voltou à ativa para cumprir seu show de 17 de julho no Eden Project, na Cornualha, mas segundo um comentário do *The Daily Mail*, ainda mostrava sinais de um ano estressante. "Dizem que Amy apareceu chorando no palco, batendo na cabeça com um microfone, frustrada, quando esqueceu as letras das músicas e um fã disse que ela terminou cuspindo na multidão. A má apresentação acabou quando ela saiu do palco irritada durante a última canção, um cover de 'Valerie' de The Zuttons". Um porta-voz de Amy disse à mídia que o show não dava motivos para preocupação: "Amy estava irritada consigo mesma. Está um pouco enferrujada por não ter se apresentado há algum tempo e ficou chateada por ter cometido alguns erros no palco". Na noite seguinte, ela voltou a Liverpool para se apresentar em um show remarcado do dia 4 de julho. A BBC Liverpool comentou a apresentação, começando com a questão do cancelamento anterior. "Dizem que a honestidade é a melhor política. Amy Winehouse, portanto, ganhou certo respeito em seu show do Summer Pops remarcado quando disse: "Agradeço por me receberem de volta, depois do fora que eu dei". Quanto ao show em si, o crítico escreveu: "Não dá para não admirar o poder da voz dela, que parece emanar sem o menor esforço de seus minúsculos pulmões, qualquer que seja a canção jazz-soul de seu mais recente álbum, *Back To Black*, que ela cante".

Em seguida, Amy retomou sua programação de verão, apresentando-se na Somerset House, região central de Londres, em 20 de julho, e no Festival Benicassim, na Espanha, no dia 22. No dia 25 de julho, ela deu um show magnífico, embora curto, no Instituto de Artes Contemporâneas em Londres. A crítica no *The Daily Mail* dizia: "No Instituto, ontem à noite, participando do festival iTunes, a garota de 23 anos deu uma amostra espetacular do motivo por que foi declarada a melhor artista britânica na cerimônia dos BRIT Awards deste ano e por que é a favorita dos apostadores para o cobiçado prêmio Mercury de Música. Winehouse subiu ao palco com 50 minutos de atraso, acompanhada de uma banda de nove membros vestidos de preto, combinando com o espírito do soul dos anos 60 do aclamado álbum, *Back To Black*. Com sua figura minúscula, trajando um vestido elegante preto e branco, cujas alças escorregavam o tempo todo durante o show, Winehouse conseguiu perdão imediato pelo atraso assim que abriu a boca. 'Tears Dry On Their Own', que contou com o bom desempenho dos metais, foi uma exibição da magnífica voz de Winehouse. Ao vivo, mais ainda que no CD, é puro soul".

Em 5 de agosto, Amy fez uma apresentação maravilhosa no festival Lollapallooza em Chicago. Mas, de repente, às vésperas de se apresentar no festival Oya, na Noruega, em 8 de agosto, ela precisou cancelar o show novamente. A banda acabara de fazer a passagem de som quando chegou o recado de que Amy não estava bem. Diziam que fora tratada no hospital University College London. O cancelamento ocorreu justamente pouco depois de Amy receber a notícia de que recebera três indicações para o MTV Video Music Awards. Ninguém sabia o que estava acontecendo. A suposição era de que sofria de exaustão de novo e cancelara o show por ordem médica.

O verdadeiro motivo de Amy não poder se apresentar na Noruega era muito mais sério e logo revelaria a extensão do estresse e da tensão provocados por sua ascendente fama e sucesso.

Capítulo 10

Girl At Her Volcano
Garota em perigo iminente

Com a ajuda de uma amiga, Blake arrastou Amy pelas portas do pronto-socorro do hospital University College, região central de Londres. Era 1 hora da manhã do dia 7 de agosto de 2007. Ela foi quase carregada até a recepção. Então, segundo relata o *The Sun*, "Suas pernas cederam e ela caiu no chão gritando". As enfermeiras a levaram às pressas para a área de tratamento. A equipe de emergência logo assumiu e lhe deu uma injeção de adrenalina para depois fazer uma lavagem estomacal. Ela sentia a cabeça girar com a notícia de suas três indicações, em três categorias diferentes, para o MTV Vídeo Music Awards, mas a promessa de outra premiação logo se perdia dentro da crise.

A equipe médica a estabilizou e acalmou. A gravadora foi informada. No dia seguinte, sua apresentação no festival Oya, na Noruega, foi cancelada. A equipe já estava lá, a banda também. Durante todo o dia, Blake entrava e saía do quarto de Amy no hospital, enquanto corriam rumores sobre o colapso da estrela. *The Sun* informou que Amy "admitira usar maconha e cocaína" e estava "bebendo adoidado", além de enfatizar os comentários anteriores da cantora sobre seus supostos distúrbios alimentares: "Tive problemas de peso. Todo mundo dizia que era por causa da cocaína, mas não tinha nada a ver com drogas. Eu estava entre bulimia e anorexia, que começaram quando terminei meu último namoro. Usava algumas drogas, mas muito pouco. A cocaína não é o meu negócio, nunca me entreguei a ela".

Em 9 de agosto, a história chegou aos tabloides: a semente plantada com o *single* de "Rehab" adquirira proporções assustadoras. Uma pista importante fora dada para o contínuo jogo de adivinhação em torno de sua saúde. Será que ela estava badalando demais? Eis a resposta. O pronto-socorro do hospital. Quase uma tragédia. Celebridade perde o rumo. O *The Sun* publicou a matéria na primeira página, sob a manchete: "Selvagem Estrela Pop recebe injeção de adrenalina e lavagem estomacal: Amy em colapso por causa de droga". A matéria dizia: "Amy Winehouse foi levada às pressas ao pronto-socorro ontem antes de sucumbir a uma enorme overdose de drogas. O aplique, marca registrada da badalada cantora, escorria solto até os ombros, enquanto a equipe do hospital University College de Londres a encaminhava rapidamente para um tratamento de emergência. A supertatuada Amy, cuja magreza e palidez preocupam amigos e fãs, tomou uma injeção de adrenalina durante as primeiras horas do drama. Depois passou por uma lavagem estomacal".

Naquele mesmo dia, o *London Lite* publicou a mesma história sob a manchete "Amy pronta para Reabilitação: cantora pode ser internada após suspeita de overdose". O jornal especulava que Amy "pensava seriamente" em fazer um programa de tratamento após sua "suspeita de overdose" nas primeiras horas da madrugada de terça-feira. A matéria citava um "amigo chegado" que teria dito: "Amy levou um susto e tanto quando foi hospitalizada e está finalmente dando atenção ao pedido de todo mundo para procurar a reabilitação. Agora ela percebe que talvez precise de ajuda, pois seu estilo de vida chegou ao pico".

No dia seguinte, sexta-feira, 10 de agosto, o London Lite *relatava* que Amy entrara em uma clínica chamada The Priory, em Roehampton. "Amy Winehouse se internou após a suspeita de uma overdose de drogas. A perturbada cantora foi tratada no hospital após um colapso, na quarta-feira. Foi procurar o auxílio da The Priory em Roehampton quando seu estilo de vida, com a bebedeira e as drogas, chegou ao ponto máximo".

No mesmo dia, o *The Sun* apresentou uma matéria mais profunda da história por trás da hospitalização, novamente na primeira página, mas dessa vez com a manchete: "A extravagância de 3 dias de Amy: cocaína, ecstasy, tranquilizante de cavalo, vodka, uísque". A matéria explicava que Amy, incapaz de dormir, bebera o dia todo em vários *pubs*. Chegou ao aeroporto de Heathrow em Londres, partindo de Chicago, onde se apresentou no Lollapalooza. Do aeroporto, a festa começou no Robert Inn em Houslow, onde ela bebeu vodka e limonada e Blake cerveja. Um frequentador disse ao *The Sun* que eles jogaram sinuca e fizeram "repetidas visitas ao toalete".

Parece que os dois saíram do *pub* por volta das 3 da manhã. A parada seguinte foi o Hawley Arms, em Camden. Lá, disse um fã ao *The Sun*, ele viu Amy bebendo Jack Daniel's. Em seguida, ela e Blake deram uma festa em seu apartamento em Camden. O *The Sun* citou um amigo de Blake, que teria dito: "Era como se ela tivesse apertado o botão de autodestruição. Estava mandando ver na coca, nas pílulas, na cetamina, na vodka e no Jack Daniel's".

O amigo também disse ao *The Sun* que Amy, em determinado momento, pegou um violão cor-de-rosa e começou a tocar e cantar, mas logo parou e começou a chorar. Outro amigo disse ao mesmo jornal que ela dizia a todos que não dormia há três dias. De repente, começou a entrar em convulsão. Blake chamou os amigos. Como ela não voltou a si, ficou claro que tinham de levá-la ao pronto-socorro. Seu pai a visitou no hospital. Depois, quando os médicos lhe deram alta, ela saiu do hospital pela porta dos fundos.

Depois desse episódio a gravadora anunciou à imprensa que Amy estava sofrendo de "exaustão nervosa". A matéria do *The Sun* também mencionava que ela se apaixonou pela poesia e pela lenda decadente Lorde Byron e acreditava ter pouco tempo de vida.

Em 11 de agosto, o *The Sun* publicou outra matéria sob a manchete: "Amy Winehouse – Sou suicida", descrevendo outros aspectos do drama hospitalar: "Posso fazer a perturbadora revelação de que a cantora fumou heroína na noite em que sofreu a overdose. Ao contrário dos relatos, Amy, que teve um colapso nesta semana após uma extravagância de três dias bebendo e se drogando, está gravemente doente". O artigo dizia que Amy estava no hotel Four Seasons, em Hook, Hampshire, desde que saíra do hospital. Falava também de seu estado de saúde: "Não consegue comer e não para de vomitar". Está recebendo visitas dos médicos e um psiquiatra virá hoje. Ontem à noite, um amigo da família disse: "Amy disse à mãe que ela tem tendências suicidas e sabe que vai morrer jovem'".

Na terça-feira, 14 de agosto, o *London Lite* publicou uma matéria sobre Amy com a seguinte manchete: "Amy: Tomo drogas pesadas, mas posso parar". O artigo afirmava: "A cantora, que teve um colapso na semana passada após tomar um coquetel de heroína, ecstaxy, cocaína e cetamina está em reabilitação, nos Estados Unidos". A matéria dizia: "Ele (Blake) e Winehouse, 23, negaram ter injetado heroína". O artigo alegava que o casal estava em reabilitação nos Estados Unidos havia três dias.

No dia seguinte, o jornal *The Daily Mirror* trazia uma matéria intitulada "Sogra de cantora fala". O artigo afirmava que Amy confessou aos seus sogros, alguns dias após o colapso, que ela e Blake usavam drogas. Revelando detalhes da "confissão", o jornal dizia: "Ela e Blake, 25, estão sendo tratados juntos por causa do vício em cocaína e heroína, em local não revelado, nos Estados Unidos". Dias antes, o jornal alegara que Amy foi franca com seus sogros quanto ao que acontecia. A mãe de Blake, Georgette, disse ao jornal: "É a pior coisa do mundo eu ter de dizer em público que meu filho e sua mulher têm um problema com drogas. Eles admitiram". Georgette também disse ao repórter: "Sei que meu filho tem problemas com drogas desde os 20 anos, quando se mudou para Londres". O artigo continuava com os dramas da família no último fim de semana.

Depois do colapso e da hospitalização, Amy e Blake foram, segundo o *The Daily Mirror*, a um consultório na Harley Street e concordaram em ir a um centro de reabilitação. A ida à Harley Street se deu após uma reunião em família em 10 de agosto, no hotel Four Seasons, em Hook, na qual os pais de Blake e de Amy se encontraram com o casal e discutiram os eventos da semana anterior. Foi nessa reunião, enquanto tomavam Ovaltine e comiam bolo de chocolate, que Amy disse a Georgette em que ponto as coisas estavam. "Ela me disse que era viciada em heroína e cocaína", Georgette admitiu ao jornal.

Naquela noite, os sogros de Amy foram dormir certos de que a confissão de Amy anunciava o iminente fim dos aterradores eventos recentes. Mas durante a noite, segundo o *The Daily Mirror*, Blake e Amy pegaram heroína com um traficante e fumaram no quarto. Foram descobertos por Juliette Ashby. Segundo o jornal, Ashby encontrou "pedaços chamuscados de papel" na suíte de Amy, pela manhã, e contou aos pais de Amy e de Blake. Durante o café da manhã, Amy negou as alegações de Juliette. Mitch se zangou e culpou Blake. Quando o pai de Blake defendeu o filho, Mitch ficou furioso. Giles Civil disse ao *The Daily Mirror*: "Ele estava descontrolado, culpando Blake pelos problemas de Amy". A matéria continuava, afirmando que Amy, vendo o pai tão irritado, sentiu-se impelida a confessar a todos os presentes que ela e Blake eram viciados em drogas. Georgette tomou a iniciativa e ligou para a clínica na Harley Street. Eles foram ao hotel e começaram a fazer arranjos para que o casal fosse transferido na primeira oportunidade para um centro de tratamento nos Estados Unidos.

Contradizendo as informações de que os dois estavam em reabilitação nos Estados Unidos, no dia seguinte, 16 de agosto, o *The Sun* trazia uma foto de primeira página de Amy e Blake, com a manchete: "Amy desiste de reabilitação em Essex". A matéria que acompanhava a foto afirmava que Amy e Blake saíram de um programa de reabilitação na Causeway Clinic, em Essex, no dia anterior, um dia após o *The Daily Mirror* publicar as declarações da sogra de Amy. A matéria dizia que Amy saiu do centro em menos de 48 horas, após ter sido internada com Blake, na segunda-feira, 13 de agosto, apesar dos apelos das famílias para que procurassem tratamento individual. Ela e Blake voltaram de helicóptero para Camden. Depois foram examinados em uma clínica geral na Harley Street, presumivelmente pelo mesmo médico chamado ao hotel por Georgette. Uma fonte disse ao *The Sun*: "Ela queria sair na terça-feira à noite. As pessoas próximas a ela estão arrasadas. Mas Blake quer voltar à normalidade e todos nós sabemos qual é a normalidade deles". O artigo alegava que Mitch queria providenciar uma medida cautelar impedindo Blake de se aproximar de Amy, para que ela tivesse mais chances de se recuperar do abuso de drogas e álcool e procurar ajuda.

No meio do drama, a Island lançou um novo *single* de *Back To Black*, "Tears Dry On Their Own", acompanhada de "You're Wondering Now" e vários mixes diferentes da canção principal. O *single* chegaria ao 16º lugar no Reino Unido.

O *London Lite* publicou uma matéria na quinta-feira, 16 de agosto, com a seguinte manchete: "Amy sai da reabilitação... direto para o *pub*". O jornal dizia que Amy e Blake, após retornarem a Camden da Causeway Clinic, saíram à noite com os sogros de Amy e foram ao *pub* local, o Old Eagle. Segundo a matéria, Giles Civil teria dito: "Estávamos rezando para que não começassem cedo. Não queremos que voltem ao círculo vicioso".

Enquanto isso, Amy cancelou suas apresentações no V Festival em Staffordshire em 19 de agosto e no Rock en Seine, em 25 de agosto. De repente, como temiam os fãs, Amy cancelou toda a turnê americana, marcada para começar em 12 de setembro em Nova York. Seu assessor disse que ela recebera ordens médicas para repousar e, por isso mesmo, não tinha escolha senão remarcar os shows nos Estados Unidos para o início de 2008.

Os cancelamentos foram muitos, pois Amy tinha várias apresentações marcadas para setembro, incluindo festivais ao ar livre, bem como em teatros de prestígio de costa a costa. O objetivo dos shows era alavancar seu perfil nos Estados Unidos e sem eles todo o trabalho árduo até então poderia cair por terra. Mas sua saúde corria um risco sério e, por esse motivo, a promessa de sucesso futuro e vendas teria de esperar.

Então, quando as coisas pareciam impossíveis de piorar, na manhã de sexta-feira, 24 de agosto, correram rumores em torno de uma confusão no hotel Sanderson, na Berners Street, região central de Londres. Amy e Blake supostamente tiveram uma briga terrível no quarto daquele luxuoso hotel, cuja diária era de £500, no começo da noite de quinta-feira, 23 de agosto.

Segundo o *The Daily Mail*, Amy saiu do hotel sozinha por volta das 11 da noite e foi se encontrar com outra jovem na rua. As duas se abraçaram e voltaram ao hotel. A matéria do *Daily Mail* prossegue: "A cantora voltou ao seu quarto e horas depois outras hóspedes reclamaram das vozes alteradas, gritos e barulho de móveis se quebrando. Pouco depois, o *concierge* foi chamado. A senhorita Winehouse, que tem um histórico de autoflagelo, pedira assistência médica para tratar de cortes em seu braço".

A matéria citava depoimentos de outros hóspedes, afirmando que por volta das 2h30 da manhã, quinta-feira, a briga entre Amy e Blake recomeçara. Depois, ela foi vista correndo pelo corredor do hotel até o elevador, perseguida por ele "sangrando muito". O *Daily Mail* relatou que um hóspede viu o casal dessa vez. "Um hóspede que tomava o elevador até a recepção naquele momento disse que os dois começaram a gritar um com o outro: 'Amy estava banhada em lágrimas. O cara gritava com ela. Ela estava encolhida no canto. Achei que ele fosse bater nela. Quando a porta do elevador abriu, ela saiu correndo pelo saguão'".

Por volta das 3 da manhã, Amy e Blake apareceram na recepção do hotel e ela correu para a rua, novamente perseguida pelo marido. Foi então que os fotógrafos notaram o estado do casal. Amy acenou para um carro e entrou. O carro saiu com pressa e a deixou perto da estação de Charing Cross, onde ela comprou cigarros, Camel Lights, em uma loja 24 horas. O casal se comunicou pelo celular e se reencontrou às 4 horas. Depois saíram para caminhar, aparentemente mais calmos.

Na manhã de sexta-feira, o *The Daily Mail* publicou fotos de Amy e Blake na capa. Blake tinha marcas atravessando o rosto e o pescoço. Amy, com a maquiagem dos olhos toda borrada, parecia ter um olho vermelho e um arranhão ou corte perto da sobrancelha. No artigo, o jornal citava uma testemunha que dissera que Blake parecia vítima de "um ataque maciço com faca". A alegada briga entre Amy e Blake aconteceu no fim de uma longa noite. Blake correu atrás dela até a rua. Fotos de Amy mostravam o punho e o braço esquerdos enfaixados com bandagens brancas.

O *The Daily Mirror* citou outra testemunha, que disse: "Amy passou por alguns bares e começou a beber daiquiris de morango como se não houvesse amanhã. Depois perambulou pelas ruas como uma mistura triste de criança sem casa e mendiga". A matéria afirmava que Blake corria atrás dela, gritando seu nome. Em vez de voltar para o marido, ela chamou um carro e entrou.

Uma das várias fotos do casal ensanguentado e em choque que expõe melhor a tensão do momento é a dos sapatos de Amy, sapatilhas de balé cor-de-rosa, ensopadas de sangue, manchadas e rasgadas. Via-se ali uma jovem aturdida pela fama, pega pelos flashes dos paparazzi, mostrando as feridas após uma briga de celebridades, usando sapatilhass cor-de-rosa perfeitas para uma bailarina. A foto da sapatilha era uma imagem de horror, que revelava os segredos dolorosos da mulher que as usava. Por toda a Londres, os leitores de tabloides se perguntavam: o que está acontecendo?

Após se acertarem, os dois deixaram o hotel Sanderson às 4 horas, com Amy carregando sua bolsa branca e o retrato do casamento.

O colunista de show business, Perez Hilton, contou a história da sua maneira típica em seu renomado e divertidíssimo blog. Escreveu: "Que se dane a falsa parafernália de Hollywood. Que se dane toda essa besteira! Amy Winehouse vai morrer se continuar por esse caminho destrutivo!!!!!!! Clique aqui para ver as fotos explícitas de uma briga sangrenta entre Wino e o marido, nas altas horas da madrugada de quinta-feira. Nós acreditamos em Deus e rezamos para que Ele possa salvar Amy da morte, que ela vive chamando. E que afaste dela aquele marido babaca!!!!"

Na sexta-feira de manhã, Hilton prosseguiu com a história, enviando uma mensagem de texto a Amy. Segundo Hilton, ela respondeu, dizendo: "Blake é o melhor homem do mundo. Nós jamais nos machucaríamos. Retire o que você disse no blog. Achei que você fosse 'minha menina'. Eu estava me cortando depois que ele me encontrou em nosso quarto prestes a tomar droga com uma garota de programa e disse, com razão, que eu não servia para ele. Perdi o controle, e ele me salvou a vida".

Amy, então, enviou mais três mensagens a Hilton, uma delas dizendo: "Pela última vez, ele nunca me machucou. Eu já lhe disse no seu blog o que aconteceu. É difícil para ele, mas ele me apoia. Por favor, corrija isso. Beijos. Amy x". Segundo Hilton, ela enviou uma última mensagen, que dizia: "Por favor, você pode publicar a versão verdadeira de uma vez? Aquilo já está lá há muito tempo. Sei que você gosta de mim, mas ele merece a verdade. É um homem fantástico que salvou minha vida de novo e acabou se cortando. Agora só recebe essas histórias horríveis e fica quieto, mas isso já é demais. Obrigado, 'menina'. Amy".

A história criara uma nova imagem pública de Amy Winehouse. Causava arrepios na espinha, falava de uma vida pessoal arrasada. Fofoca na indústria de entretenimento por causa de abuso de substância e overdose é uma coisa. Mas as fotos de um casal aparentemente se cortando em nome do amor indicavam o ponto em que a maioria das pessoas perdia uma conexão racional com Amy Winehouse. Exceto, talvez, aquelas que emocionadas ante os horrores do autoflagelo, que se aproximavam um pouco mais.

Depois que as fotos vieram a público, quem não gostaria de abraçá-la, preparar-lhe um banho quente, dar-lhe algo nutritivo para comer, fazer-lhe um chá, ajudá-la a se sentar e cobri-la com um cobertor, perguntando "qual é o problema?"? Aquelas imagens nada tinham a ver com rock'n'roll ou Hollywood. Nem moda, nem televisão. Eram imagens perturbadoras. Forçavam os limites do que consideramos normal e punham Amy em uma categoria inteiramente nova.

Depois do drama, Amy e Blake viajaram para o Caribe, onde se hospedaram na estância Jade Mountain, em St Lucia, cuja diária é de £1.000, segundo o *London Lite*. Enquanto ficaram lá, Mitch Winehouse comentou publicamente o que sentira ao ver as fotos da filha após a noite no Sanderson. De acordo com *The Sun*, ele teria dito: " Fiquei muito mal ao ver aquelas imagens. Não, pior que isso, eu quis morrer". O *The Sun* também relatou comentários de Giles Civil a respeito de seu filho e nora: "No momento, estão em estado de negação. Não percebem que têm um problema e são muito agressivos na autodefesa. Acreditam que são usuários recreacionais de drogas, mas é óbvio que isso não é verdade, pois são viciados, isso sim".

Em 29 de agosto, o *The Daily Mail* anunciou que Giles e Georgette Civil pediram publicamente aos fãs que boicotassem os discos de Amy e parassem de tocar as músicas dela, na tentativa de "impedir que a cantora e seu marido se matassem com tantas drogas". Quanto ao incidente no Sanderson, o jornal dizia: " As sapatilhas cor-de-rosa estavam manchadas de sangue, pois parece que ela tentou injetar heroína entre os dedos".

No mesmo dia, o periódico *Metro* trazia a história dos sogros de Amy falando no programa *Radio Five Live* da BBC. Citava Giles Civil, que teria dito: "Só há um modo de sair disso. Qualquer pessoa que teve experiência com drogas pode confirmar que a única saída é não trancafiar o drogado. Em determinado momento, a pessoa chega ao fundo do poço e então dirá: não quero mais isso".

Em 30 de agosto, o *The Sun* publicou uma matéria destacando o desespero de Mitch Winehouse pelos problemas pessoais de sua filha. "Todos os dias", ele disse ao jornal, "vou ao túmulo de meu pai e rezo". O jornal explicou assim os motivos de tal oração: "Mitch, 57, acredita que só a intervenção divina pode impedir a cantora de se matar". A matéria continuava: "Em ataque discreto e velado contra Blake, ele afirmou que o grave autoflagelo da filha e o vício em drogas só pioraram depois do casamento, três meses atrás".

O mês terminou com mais más notícias, com o anúncio de que Amy não compareceria à cerimônia do MTV Music Video Awards, em Las Vegas, em 9 de setembro. Mais uma vez, o motivo alegado para a ausência foi sua saúde.

Em 4 de setembro, após voltar de St. Lucia, Amy retornou ao palco e, contra todas as expectativas, fez uma apresentação magnífica na cerimônia de premiação musical da Mercury, no hotel Grosvenor House, cantando "Love Is A Losing Game" acompanhada apenas de guitarra acústica. O álbum *Back To Black* lhe rendera uma indicação e ela concorreria com Arctic Monkeys, Bat For Lashes, Dizzee Rascal, The Klaxons, Maps, New Young Pony Club, Basquiat Strings With Seb Rochford, Fionn Regan, Jamie T, The View e The Young Knives. Ela não ganhou, o prêmio foi para The Klaxons, pelo álbum *Myths of The New Future*, e eles ganharam um cheque de £20.000. Mas Amy disse ao *London Lite*: "Estou muito bem no momento, obrigada. Passei umas férias maravilhosas com Blake e não sei pra que tanto barulho".

Um dia antes da apresentação espetacular, o *London Paper* cobriu o retorno de Amy ao Reino Unido. A matéria abordou os rumores em torno da estada em St. Lucia: "Algumas fotos desse fim de semana sugerem que Winehouse usou heroína no feriado. Dizem também que vomitou sangue, o que parece indício de alguma doença séria, mas ela se recusou a ir ao médico".

Em 17 de setembro, o *London Lite* fez outra matéria sobre Amy, dizendo:

"Amy parece ter voltado aos seus preocupantes hábitos de autoflagelo. Ontem, Amy, famosa pelo sucesso da canção de título bem apropriado, "Rehab", foi vista saindo de um táxi em Chelsea com um corte feio na mão direita. Na verdade, o ferimento era tão feio que ensopou um lenço que ela usava como bandagem improvisada, deixando escorrer um pouco de sangue nos sapatos". A matéria prosseguia: "Além das drogas e dos distúrbios alimentares, Amy sofre há algum tempo de uma tendência ao autoflagelo".

O drama continuou após sua apresentação no MOBO Awards, na quarta-feira, 19 de setembro, na O2 Arena de Londres. O *London Lite* fez uma matéria de capa do show no dia seguinte com a manchete: "O fiasco de Amy no MOBO". Amy e a banda apresentaram "Tears Dry On Their Own" e "Me & Mr Jones". A banda parecia tensa, nervosa, correndo atrás do desempenho vocal imprevisível de Amy pelo palco. A impressão era de uma banda bem ensaiada tentando descobrir quais sinais de Amy deveriam seguir. Começou cantando muito bem, rouca, depois se atrapalhou, como se perdesse o controle das letras e o fluxo da música. Parecia insegura, incomodada sob a luz, incapaz de mostrar a própria magia. No fim de 'Me & Mr Jones', ela parecia estar cantando em um ritmo diferente da banda. O *London Lite* citou um membro da banda, que não quis seu nome revelado: "Quando ela bebe, esse é o menor dos males. Pelo menos, está só bêbada". Se tivesse usado drogas hoje à noite, as coisas teriam sido muito piores". O *Metro* comentou o show nestes termos: "Ela parecia distraída. Meio fora de sincronia com a banda em alguns pontos". Entretanto, foi outra noite de triunfo para Amy, pois ela ganhou o prêmio de Melhor Artista Feminina Britânica, superando Beverly Knight, Corinne Bailey Era e Joss Stone. Naquela mesma noite, do outro lado da cidade, Amy ganhou outro prêmio, Melhor Intérprete Feminina, no Vodafone Live Music Awards, realizado no Earl's Court.

Em 8 de outubro, Amy nem sequer apareceu no *Q* Awards para receber seu prêmio por melhor álbum. Mark Ronson o recebeu no lugar dela. O *The Daily Mail* anunciou que o prêmio foi parar em um local inesperado. "O gongo soou no Bar Soho, na Old Compton Street de Londres, onde Mark Ronson, que recebeu o prêmio no lugar de Amy, foi visto comemorando até as 2 da manhã. Mas é possível que o parceiro no dueto de 'Valerie' não fosse o único culpado; alguns dizem que o troféu foi visto pela última vez nas mãos dos comediantes Alan Carr e Ricky Gervais".

A maior parte do mês de outubro foi marcada por uma turnê europeia. Ela se apresentou no Tempodrom, em Berlin, em 15 de outubro, no CHH 3 em Hamburgo em 16 de outubro e no Vega, em Copenhague, antes de partir para a Noruega no dia 17, para o show no Peer Gynt, em Bergen, em 19 outubro. No dia de folga, 18, Amy e Blake se envolveram em outra encrenca, percebida pela mídia no dia seguinte. Foram detidos em Bergen, onde passaram a noite na cadeia, como informou o *London Lite*: "Eles foram presos por posse de droga". Aparentemente, a polícia entrou no quarto deles no SAS Hotel Norge, em Bergen, por volta das 7 da noite em 18 de outubro, depois que "o pessoal do hotel chamara a polícia após sentir cheiro de maconha vindo do quarto de Winehouse". Segundo o artigo, eles foram liberados nas primeiras horas da sexta-feira, 19 de outubro, e cada um pagou um multa de £350 por posse de maconha.

A turnê continuou no dia 20, no Sentrum, em Oslo, e depois prosseguiu em Amsterdã, onde Amy se apresentou no Heineken Music Hall em 22 de outubro. No dia 24, ela esteve no Muffathalle em Munique; no dia seguinte, no Volkhaus em Zurique e no Alcatraz, em Milão, em 26 de outubro. Depois, ela se apresentou em Colônia, no Paládio, no dia 28 no Olympia; em Paris no dia 29; e no AB Club, em Bruxelas, no dia 30.

Na Alemanha, ela deu uma entrevista muito divulgada à revista *Stern*. O *Daily Mail* acessou a entrevista e em 25 de outubro citou Amy falando de suas lutas contra a depressão: "Sinto uma nuvem negra pairando sobre mim. Tomo remédio para depressão, mas ele me deixa meio mole. Acho que muita gente sofre dessa mudança de humor". O *Mail*, então, acrescentou: "Isso poderia explicar também a tendência da cantora ao autoflagelo".

Durante esses shows, Mark Ronson lançou como *single* seu cover de "Valerie" dos Zuttons com vocais de Amy. A menina dos olhos de seu álbum *Version*, lançado em abril de 2007, o *single* chegou ao 2º lugar na lista de *singles* no Reino Unido. A canção traz um dos mais belos vocais de Amy até hoje, um desempenho magnífico, cheio de energia criativa. Preste atenção ao modo como ela canta a palavra "lawyer", é de arrepiar os cabelos e magnífico.

Em 1º de novembro, Amy apareceu no MTV Music Video Awards em Munique, cantando "Back To Black" e ganhou o tão cobiçado prêmio de Artist's Choice (escolha do artista). Quatro dias depois, um novo produto era lançado: uma edição de luxo de *Back To Black*, no Reino Unido, trazendo um CD bônus com uma coletânea de faixas raras e ao vivo. No mesmo dia, a Island lançou o DVD ao vivo, *I Told You I Was Trouble: Live In London*, que incluía uma filmagem de uma apresentação feita naquele ano, em um dos shows remarcados no Shepherd's Bush Empire, além de um breve documentário apresentando entrevistas com Amy, Darcus Beese e Mitch Winehouse. O pai de Amy aparece no filme, ao volante de seu táxi preto, emprego que ele assumiu desde que largou a carreira anterior de vendedor de vidros para janelas.

Em 9 de novembro de 2007, o *Daily Mirror* publicou o que alegava ser uma matéria "mundialmente exclusiva". Na capa havia uma foto sob a manchete "Marido de Amy é preso", mostrando Amy beijando Blake, segurando seu rosto com as duas mãos. Ele está algemado com as mãos para trás. A polícia ia levá-lo para ser interrogado. Abaixo da foto, a legenda: "Marido de Winehouse vai parar na cadeia por suborno de testemunha". A matéria de Stephen Moyes descrevia a "prisão sensacionalista de Blake... por tentar subornar uma testemunha em um julgamento". A matéria prosseguia, explicando que oito policiais à paisana levaram Blake diante dos olhos de Amy, que ouvia o marido dizer: "Eu te amo, meu amor. Vai dar tudo certo". A prisão, segundo Moyes, foi feita em um apartamento em Bow, região leste de Londres.

Antes, a polícia arrombou a porta do apartamento de Amy e Blake em Camden. A voz de prisão teve a ver com um julgamento marcado para a segunda-feira, 12 de novembro, no qual Blake e seu colega Michael Brown seriam julgados pela acusação de agredir um *bartender* no *pub* Macbeth, em Hoxton, no norte de Londres em junho de 2007.

No dia 12, Amy foi fotografada com uma expressão infeliz, do lado de fora da prisão de Pentonville, após ser impedida de visitar Blake. Só um visitante podia vê-lo por semana e o pedido precisava ser feito com 24 horas de antecedência. A visitante foi a mãe de Blake, Georgette, que fizera a solicitação. Amy parecia pálida, arrasada e cansada. Os dramas daquele ano estavam pesando, uma calamidade se acumulando sobre outra sobre seus ombros magros.

Para preservar a própria sanidade e por respeito aos fãs, Amy lançou sua turnê, apesar da crise com a prisão de Blake. Muitas pessoas achavam que ela não daria conta, arrasada por estar longe do marido. Mesmo assim, ela quis honrar seus compromissos, em um ano em que tantos shows foram cancelados. Na noite anterior ao início da turnê, porém, outro drama se abateu sobre ela. Segundo uma matéria do *London Lite* de 14 de novembro, os pais de Amy chamaram uma ambulância para o apartamento na região leste de Londres onde Amy morava desde que Blake fora levado sob custódia. A ambulância chegou às 7h30 da noite, mas não havia ninguém em casa. Quando a polícia chegou, às 9 horas, encontrou Amy sã e salva. Uma fonte disse ao *London Lite*: "A família de Amy está chocada por ela ter feito algo assim tão estúpido. Eles sabem que ela está muito mal no momento e sente muito a falta de Blake". Quando a família não conseguiu localizar Amy, temeu o pior e chamou o Resgate. Apesar disso, ela acordou no dia seguinte e viajou para Birmingham pronta para começar a turnê.

O primeiro show foi no NIA, com capacidade para 13 mil pessoas, em Birmingham, na quarta-feira, 14 de novembro. As críticas foram unânimes ao classificar o show como um fracasso. O *London Lite* trazia Amy na capa, com a manchete: "Amy no seu pior momento diante dos fãs". Diziam que ela estava abatida por se ver separada do marido e citava o nome dele o tempo todo durante a apresentação. A crítica mencionava que ela subiu ao palco "totalmente fora de si", com uma hora de atraso e "esquecia as letras de suas próprias canções". Os detalhes eram piores: "Ela teve dificuldade para segurar o violão e derrubou o microfone várias vezes. Até caiu em determinado momento". Por fim, os fãs se cansaram daquela apresentação antiprofissional e alguns a vaiaram. Amy respondeu de forma nada característica: "Vou dizer uma coisa. Em primeiro lugar, se vocês estão vaiando, foram trouxas por comprarem o ingresso. Agora, todos os que estão vaiando, esperem só até meu marido sair". Segundo o jornal, ela começou a chorar e xingar o público. A manchete do *London Lite* dizia: "A horrível Amy despeja palavrões a seus fãs ingleses".

A BBC informou: "Amy Winehouse foi vaiada pelos fãs enquanto dava um show fraquíssimo na primeira noite de sua turnê britânica, em Birmingham. Durante a apresentação, a cantora de 24 anos disse à multidão: 'Aqueles que estão vaiando, esperem só até meu marido sair da prisão. Sério'". A matéria mencionava ainda que durante o bis, quando cantava "Valerie", "ela parou, largou o microfone e saiu do palco".

O *The Times* foi um pouco mais tolerante, dizendo: "Mesmo por seus padrões normais de telenovela, essas últimas duas semanas foram muito turbulentas para Amy Winehouse. Enquanto ela começava sua maior turnê britânica ontem à noite, em Birmingham, seu marido sempre citado nas manchetes, Blake Fielder-Civil, continuava atrás das grades por uma tentativa de obstrução da justiça antes de seu julgamento por agressão física. No fim de um ano tumultuado por prisões dramáticas, confissões de uso de droga, brigas em público e contenda familiar, será que a vida na ribalta acalmou a rainha da reabilitação do pop britânico? *No, no, no*". O comentário do jornal mencionava a preocupação de que Amy sequer apareceria na primeira noite da turnê e acrescentava que ela foi, afinal, mas se atrasou quase uma hora. O autor da matéria fez comparações entre Amy e Pete Doherty, mas enfatizou as diferenças: "Ao contrário de Doherty, a musa norte-londrina parece ter conseguido uma força extra na carreira graças a seus problemas fora do palco em vez de ser derrubada e arrasada por eles. Algumas semanas antes do início da turnê, com os ingressos esgotados, o álbum *Back To Black* foi confirmado como o maior lançamento britânico em número de vendas em 2007". O comentarista teorizou: "Pode-se dizer que as peripécias de *bad girl* de Winehouse deram uma pitada de autenticidade no melhor estilo Edith Piaff a todas aquelas fabulosas letras repletas de toques dos anos 50 que falam de um coração partido, vício em tóxicos, homens de mau comportamento e mulheres de comportamento pior ainda".

Apesar de tudo isso, a crítica não foi positiva: "O tamanho do local também parecia assustá-la. Uma apresentação íntima, sentimental, que funciona em clubes menores, não se traduz muito bem em arenas e alguns de seus sucessos temperados por soul retrô se perderam".

A turnê continuou em Glasgow Barrowlands, com dois shows em 16 e 17 de novembro. De repente, começou o caos quando o empresário da turnê se demitiu. A *NME* publicou a história em 16 de novembro, sob a manchete: "Inferno dos tabloides: empresário da turnê de Amy Winehouse se demite por causa de drogas". A matéria, publicada originalmente no *The Sun*, explicava que Thom Stone abandonou a turnê "depois de ter inalado passivamente a heroína que se encontrava no ônibus de Winehouse". A *NME*, baseando-se na matéria do *The Sun*, informava que o tabloide afirmou que Stone precisara fazer exames médicos para determinar se havia traços de heroína em sua corrente sanguínea e os resultados foram positivos. Ele concluiu que o único modo de isso acontecer seria se tivesse inalado a droga passivamente, por ter viajado no mesmo ônibus da turnê. O *The Sun* citou uma fonte, que teria dito: "Thom já estava cheio disso. Via os dois (Winehouse e Blake Fielder-Civil) perderem a cabeça e não sabia se Amy conseguiria subir ao palco. Era um pesadelo de emprego".

Como se a reputação pública hemorrágica dela já não fosse ruim, Amy foi criticada pelo funcionário de alto escalão das Nações Unidas, Antonio Maria Costa, chefe do Departamento de Drogas e Crime. Ele disse que Amy Winehouse e a supermodelo Kate Moss "glamourizavam" o uso de cocaína, e alertou que um interesse cada vez maior pela droga só levaria os barões colombianos da cocaína a elaborar rotas cada vez mais desenvolvidas para o tráfico nas cidades europeias. Em uma conferência sobre drogas em Madri, alguns dias antes, Costa afirmou: "Veja Kate Moss, que ainda recebe contratos lucrativos após ter sido fotografada cheirando. Astros do rock, como

Amy Winehouse, tornam-se populares por cantar 'não vou para a reabilitação', embora precisasse muito ir, como acabou acontecendo. Uma cheirada aqui e ali na Europa provoca outro desastre na África, aumentando a pobreza, o desemprego em massa e as doenças pandêmicas". A história, conforma relatava no *The Daily Telegraph*, destacava o exemplo de um país no Oeste da África, Guiné-Bissau, muito influenciado pelos cartéis de drogas colombianos, que o usavam como base, além de Gana, Nigéria e Mauritânia de onde enviavam droga a destinos na Europa. A matéria também citava uma nova pesquisa de crimes britânicos, mostrando que 6% de jovens entre 16 e 24 anos experimentaram cocaína, tornando a Grã-Bretanha, segundo o *Telegraph*, o segundo país mais consumidor de cocaína na Europa, perdendo só para a Espanha.

Para piorar as coisas, postou-se um vídeo feito de Amy *in concert* no YouTube, anunciando nova polêmica. Segundo o *London Lite*, que trazia o assunto como notícia de primeira página sob a manchete, "Amy à beira de um colapso", "O vídeo mostra Winehouse pegando drogas de dentro do aplique e cheirando no palco. O vídeo, postado três dias atrás no YouTube, foi feito durante a apresentação de Amy em Zurique, em 25 de outubro".

Em seguida, Amy se apresentou na Newcastle Academy em 18 de novembro e, dessa vez, o show recebeu críticas excelentes. Segundo o *The Guardian*, ela subiu ao palco e caprichou nas faixas de *Back To Black*, com a voz melhor do que nunca, um "ribombo de jazz e blues". Após as críticas negativas do show de Birmingham, o repórter do *Guardian* admitiu que temia caos ou algo pior, ciente de que a cantora estava no meio de uma "torrente de interesses negativos", mas no fim, chegava a uma conclusão muito positiva: "O desempenho dela é tão misteriosamente fantástico que você acaba procurando defeitos que não existem. Uma canção precisa ser reiniciada. Ela é induzida a emendar com 'Bad Thing' e ao expor o sutiã enquanto está soltando o violão, fica obcecada em cobrir o decote. Mas fora isso, este foi um exemplo marcante de uma cantora vivendo cada letra".

O show seguinte foi no Empress Ballroom, em Blackpool, no dia 20 de novembro e, com ele, um novo escândalo eclodiu. Mais uma vez, como já aconteceu, os jornais se encheram de fotos, as mais recentes uma série de imagens chocantes da "cantora perturbada", como ela era frequentemente chamada. O *The Evening Standard* publicou uma foto de Amy na capa de sua edição de quarta-feira, 21 de novembro, com a manchete: "Amy Winehouse em nova intriga com drogas". A matéria prosseguia, com a manchete: "É rude perguntar se você passa pó no nariz, Amy?" Era uma referência a uma foto adjacente da cantora com o que o *Evening Standard* chamava de "um vestígio suspeito de uma substância em pó", visível na narina direita. A foto foi tirada quando Amy chegou a Blackpool para o terceiro show da tão badalada turnê britânica. O *Standard* também mencionava o fato de Amy ter como mentor Pete Doherty. Segundo o jornal, Doherty disse sobre a situação triste de Amy: "Converso com Amy quase todos os dias. Ela só quer seu marido de volta para o Natal. Eles são desesperadamente apaixonados. Uma coisa boa é que Blake não tocou em nenhuma droga desde que foi preso. Foi um novo despertar para ele. Amy parou tudo desde que ele foi levado. Ela percebe o quanto os dois têm a perder. Vão perder um ao outro se a situação continuar". Apesar do tom otimista dos comentários de Doherty, a foto de Blackpool sugeria que talvez ele estivesse se precipitando. Embora ninguém, além de Amy, saiba exatamente o que era o pó branco e poderia ser um milhão de coisas, a imagem era de fato alarmante.

O *London Lite* trouxe a mesma história na capa, com a manchete: "O que entrou no nariz de Amy?" O relato da polêmica vinha com mais detalhes. Dizia que Amy escolheu uma fã jovem que usava o mesmo aplique e a chamou aos bastidores. Ela deu à fã um par de seus brincos e a encheu de atenção. Mas o *London Lite* fez o seguinte comentário: "Não temos certeza se a mãe da menina gostaria de ver o ídolo de sua filha com uma grande quantidade de pó branco saindo do nariz". O jornal também relatava que Amy dava autógrafos assinando como Amy Civil.

O *The Sun* fez a cobertura da história, sob a manchete: "Amy volta ao Branco", uma brincadeira com *Back To Black* (volta ao negro). A matéria começava reiterando todos os elementos do drama: "Com o marido na prisão, a mãe contente que ele esteja preso e os fãs vaiando-a, parecia que as coisas não podiam piorar para Amy Winehouse. Entretanto, uma nova imagem apareceu hoje, mostrando a cantora com o pó branco no nariz, sugerindo que ela ainda tem alguns demônios para enfrentar". Evitando tirar conclusões precipitadas, principalmente após os comentários de Pete Doherty sobre Amy não estar tomando nada no dia anterior, a matéria mostrou-se preocupada com o que seria exatamente o pó branco do nariz da cantora.

Enquanto isso, nos Estados Unidos, *Frank* finalmente foi lançado. Chegou às lojas no dia 20 de novembro e entrou na parada de álbuns no 61º lugar. Parecia que, pelo menos lá, Amy não daria um passo em falso. Mesmo seu álbum de estreia, já empoeirado, despertava interesse suficiente para ganhar uma posição respeitável nas paradas, apesar de ter cancelado a turnê americana em setembro. As pessoas próximas a Amy perguntaram-se a que ponto chegariam as vendas se ela tivesse feito os shows e cravado sua voz e carisma *mais fundo* na consciência pública americana.

A mídia anunciou a edição de 26 de novembro da revista *First* (uma revista feminina semanal que se define como "a inteligência que se encontra com o estilo toda semana") antes de chegar às bancas, porque a revista trazia uma entrevista exclusiva com a mãe de Amy, Janis. Quando a edição saiu, ao lado de uma foto de Amy vinha a legenda: "Graças a Deus Blake está preso, diz a mãe de Amy". A entrevista, conduzida por Lucy Bulmer, foi muito franca, oferecendo uma visão fascinante da mente de uma mãe com a filha problemática. Bulmer visitou Janis no apartamento que ela divide em Londres com seu companheiro há sete anos, Tony. A jornalista comentou em seu artigo que na parede havia um disco de platina duplo premiado a *Back To Black* e, sobre a lareira, mais dois prêmios: um troféu MOJO e um prêmio Style da revista *Elle*. Bulmer criou a cena, resumindo de forma objetiva as recentes catástrofes na vida de Amy: "Bebida, drogas, bulimia, um casamento impulsivo, brigas na rua e agora o marido preso sob a acusação de tentativa de obstrução da justiça". Em seguida, ela entra no período logo após o aprisionamento de Blake, comentando: "De acordo com fontes próximas à cantora, a crise a deixou abatida e ainda mais vulnerável à heroína". Janis disse a Bulmer que Amy não estava na casa dela e de Blake, em Camden, mas na casa de uma velha amiga da época do colégio.

Janis, que foi diagnosticada com esclerose múltipla quatro anos antes, se viu na posição delicada de afirmar em público que é melhor para sua filha que o marido dela fique atrás das grades: "Enquanto eles estão separados, ela acorda e pensa, 'o que foi que eu fiz?'" Em seguida, ela menciona o amor da filha por Blake: "Se o relacionamento tiver que dar certo, sobreviverá a isso. Mas Amy precisa amá-lo pelo que ele é, não porque sente pena dele ou porque ele a deixou dopada".

Outro comentário importante na entrevista diz respeito ao uso do álcool por parte de Amy. Janis diz a Bulmer que a filha começou a beber demais na adolescência, porque ficava muito nervosa antes de se apresentar e o hábito aumentou enquanto sua carreira decolava. Darcus Beese também faz uma referência a isso no documentário incluso no DVD *I Told You I Was Trouble – Live In London*. Ele diz que Amy sobe ao palco convicta de que ninguém vai gostar e só confia em sua magia quando sente o entusiasmo do público. É um clichê do showbiz, artista insegura, sensível, escolhe uma carreira que exige subir aos palcos e entreter uma multidão. Entram em cena, então, as estratégias paliativas do mundo do entretenimento, drogas e álcool. No mundo da encenação e da música, o uso do álcool como muleta não é novidade. Mas o que Janis teoriza é que o hábito de beber compulsivamente surgiu com os shows ao vivo, que Amy começou a fazer aos 18 anos.

Em seguida, Janis fala do dia em que Blake foi preso. Ela diz que ela (Janis) e seu companheiro, Tony, iam ao apartamento de Amy e Blake, em Camden. De repente, Amy ligou para a mãe e disse: "Não venha aqui. Vamos nos encontrar no *pub*". Janis achou estranho. Mais tarde, no mesmo dia, Amy ligou de novo e pediu que a pegasse em Hackney. Mas quando Janis tentou ver como faria isso, não conseguiu mais localizar Amy, que não atendia o celular. Por fim, o mistério foi esclarecido quando Alex Winehouse, irmão de Amy, ligou para a mãe e lhe disse que a polícia fora ao apartamento de Amy e Blake e revistara tudo.

Janis disse a Bulmer que só conseguiu falar com Amy na manhã seguinte. Ligou para ela na casa de sua amiga. Amy disse à mãe: "Você nem falou nada do Blake" e Janis replicou: "É como dizer que o sol saiu, portanto é dia. Eu sei que ele foi preso, o que mais posso dizer?" Bulmer observa que, nesse ponto da conversa, Janis parecia triste, sentindo a pressão de todas as histórias sobre sua filha na mídia. Que mãe não ficaria? Sob o medo constante de que o telefone toque tarde da noite com notícias terríveis. Sob o constante escrutínio da mídia, todos querendo saber o que ela e seu ex-marido vão fazer? Como estão aguentando? Ela diz a Bulmer que ouviu dizer que Amy passa por uma adolescência tardia e concorda, dizendo que em sua opinião Amy nunca teve uma adolescência de verdade, com todos os chiliques e dramas, crises e catástrofes, porque enquanto seus colegas e amigos estavam ocupados com a adolescência, Amy se dedicava inteiramente à carreira de cantora e artista.

No meio, a entrevista menciona o fato de que Janis nunca abordou diretamente o tema das drogas com sua filha. Ela diz a Bulmer: "Sei pelo que as pessoas à minha volta me dizem, que ela pensou em terapia, em largar as drogas". Janis diz ainda à repórter que, em sua opinião, Amy não usa drogas há tempo suficiente para ser considerada viciada. Ela ainda tem esperanças de que a filha abra os olhos. "A maioria das pessoas viciadas em heroína não tem mais nada na vida", ela diz a Bulmer. "Mas Amy tem sua música, sua carreira e uma família que a ama".

Enquanto isso, a turnê prosseguia. Amy fez dois shows bons na Brixton Academy de Londres em 22 e 23 de novembro e depois fez uma apresentação errática no Hammersmith Apollo, no dia 24. A *NME* relatou o caos do show de Hammersmith: "Winehouse subiu ao palco com 45 minutos de atraso, às 22h15, quando alguns fãs já exigiam reembolso pelo ingresso de £30. Muitos grupos no meio da multidão vaiavam antes de ela entrar. No meio da apresentação, Winehouse parecia entediada e saiu do palco, deixando uma *backing vocal* cuidar dos vocais. Parecia instável o tempo todo da apresentação e, em determinado momento, seu aplique quase desmoronou. Enquanto cantava 'Valerie', no bis, Winehouse saiu do palco de novo, no meio da música, dessa vez definitivamente, mais uma vez deixando uma *backing vocal* para completar o serviço até o fim do show".

Depois disso, a turnê continuou no sul, no Brighton Centre. No dia seguinte, duas horas antes de as portas se abrirem para o show no BIC, em Bournemouth, em 27 de novembro, ela cancelou o resto da turnê. O show em Brighton acabou sendo o último. Havia mais oito apresentações e a turnê estava programada para terminar em 17 de dezembro, na Brixton Academy, em Londres. Segundo o *The Times*, a turnê de 17 shows foi calculada para render £1,25 milhão. Mas com o cancelamento, o jornal explicou que Amy encararia uma dívida de até £500.000.

Um porta-voz da cantora disse à mídia: "Amy Winehouse cancelou todas as demais apresentações e shows promocionais até o fim do ano por ordens médicas. O rigor exigido pela turnê e a intensa tensão emocional que Amy sente nas últimas semanas estão pesando. Para preservar sua saúde e bem-estar, ela recebeu ordens de fazer repouso absoluto e cuidar da saúde. O reembolso pelos shows cancelados será feito no local onde os ingressos foram comprados".

A declaração de Amy acrescentou: "Não sou capaz de dar tudo o que posso no palco sem meu Blake. Sinto muito, mas não quero fazer os shows pela metade. Adoro cantar. Meu marido é tudo para mim e sem ele não é a mesma coisa".

De qualquer forma, a máquina continuava funcionando e em 10 de dezembro, "Love Is A Losing Game", a mais doce e melancólica canção de *Back To Black*, foi lançada como *single*. Quando a ouvimos no rádio, lembramos que esta é uma história sobre música e deve ser apenas sobre música. A canção é tristíssima, inspirada pelas realidades de Amy que a levaram a cancelar a turnê porque Blake estava na prisão. Era o ponto em que terminara o amor dos dois, o casal de enamorados infelizes, vivendo em lados diferentes de uma cerca.

As indicações para prêmios também continuaram se acumulando. No início de dezembro, veio a notícia de que Amy recebeu nada menos que seis indicações para o Grammy por *Back To Black*, que já vendera surpreendentes 4,5 milhões de cópias no mundo inteiro. Ela foi indicada para Álbum do Ano, Disco do Ano, Melhor Desempenho Vocal Feminino, Melhor Artista Novo, Melhor Álbum Vocal Pop e Canção do Ano. A cerimônia seria em Los Angeles, fevereiro de 2008.

Depois do abandono da turnê, Amy saiu de Camden e foi morar com amigos em Hackney, até comprar uma nova casa em Bow, na região leste de Londres. Tentava recomeçar, virar a página. As fotos continuavam aparecendo nos jornais: Amy saindo de seu apartamento em Camden, indo comprar lanchinhos no meio da noite, chegando em casa de madrugada e, claro, a notável foto de Amy na rua, do lado de fora do lugar em que estava hospedada, pouco antes do amanhecer, usando apenas sutiã, jeans e descalça apesar do ar gelado de novembro. A imagem dizia muito, lembrava a tragédia que se tornou a história de Amy Winehouse. Artista, interrompida. Amor, interrompido. Música, interrompida. Vida cotidiana, interrompida. Vida normal, interrompida.

Tudo parecia chegar ao fim, um ano em que se viveu perigosamente. Amy já passara por muita coisa, não aguentava mais. Nas palavras de Martha & The Vandellas, não havia lugar para onde ir, onde se esconder. Ela tinha de dar um tempo na incessante correria e na pressão e buscar refúgio. Os holofotes a cegavam. Ela parecia dizer chega. Deixem-me em paz. A tímida garota norte-londrina que iniciara uma carreira de apresentações em público se cansou do ritmo desenfreado de 24 horas por dia, sete dias por semana do sucesso. Todos queriam um pedaço dela e, por causa disso, ela parecia ficar cada vez menor. Quanto mais forte era o brilho do sucesso, menor ficava a cantora de 1,60 m e pouco. Emagrecia enquanto a pressão aumentava. Cada desventura e drama pareciam corroer sua personalidade mais extravagante que a vida. A franqueza das entrevistas se tornara desgastante. As expectativas se tornaram desgastantes. A música era deixada para trás. As vendas dos discos continuavam crescendo, mas o motivo pelo qual ela adquirira fama mundial ficara em segundo plano. Em seu lugar, Amy Winehouse, a pessoa, o mistério, o grande fascínio. O jogo de advinhação forçado até o limite: qual é o problema de Amy Winehouse?

O ano de 2007 vira Amy Winehouse invadir o mundo, entrar no escorregadio mercado americano, quebrar todos os recordes mundiais de vendas de discos. Fora um ano também em que ela assumia definitivamente o papel de celebridade. Parecia ao mesmo tempo confortável com a atenção e profundamente desconfortável. Ela parecia querer atenção e ao mesmo tempo desprezá-la. O ano passava e *Back To Black* vendia cada vez mais. Ela vivia como um micro-organismo observado em um microscópio. Cada um de seus movimentos era documentado, fotografado, analisado, avaliado, contemplado. Cada frase sua dava uma dica de seu estado de espírito. Comentários cada vez mais francos sobre seus problemas pessoais em entrevistas se tornavam combustível para o jogo de adivinhação. A maior história no mundo das artes em 2007 era esta: quem é a verdadeira Amy Winehouse? Como era sua vida? Quais são seus problemas pessoais? O que a faz funcionar? No que ela está pensando? Que é seu estilo de vida? Os boatos são verdadeiros? Ela é vítima de uma especulação grosseira? Exageros Constantes? Claro que só Amy Winehouse sabe a verdade. Ela guarda no peito alguns segredos preciosos. Quem sabe para onde irá, daqui? Ela deve saber que se o jogo de adivinhações terminar, se os rumores forem confirmados ou negados de uma vez por todas, o fascínio da mídia cessará, acabará da noite para o dia. Mas, por enquanto, o jogo continua. Mais pistas são dadas. Mais teorias entram na história, todos os dias. Amy continua vivendo a vida de um micro-organismo sob o microscópio.

No fim, a música vencerá. A voz de Amy é única, suas canções são brilhantes, dinâmicas, clássicas. Neste exato momento, porém, enquanto estamos no fim de 2007, as coisas estão profundamente desequilibradas. A vida de Amy abafa sua música. Dezoito meses atrás, a coisa não era assim. Era só música, música, música. Mas ela vai encontrar o caminho de casa. Todo o caos e o triunfo de 2007 se traduzirão em canções novas, uma música nova que canaliza confusão e tristeza, um coração partido para um ritmo contagiante, uma melodia inesquecível, uma letra confessional que aferroa e, ao mesmo tempo, consola. Imagine como ela vai cantar essas canções. É de arrepiar os cabelos. Até então, nos lembraremos dela descalça, usando jeans e sutiã, cabelos longos e soltos, de pé, sozinha, com olhos inocentes sob as luzes ofuscantes, na calada da noite fria de novembro, uma artista talentosíssima sem uma direção clara a seguir.

Posfácio

Pouco após eu ter terminado este livro, Amy Winehouse começou um programa de reabilitação, em 24 de janeiro de 2008. O jornal *The Guardian* publicou a matéria no dia seguinte, alegando o que acreditavam ser o estopim que a levara a buscar ajuda. "O anúncio chegou após a divulgação do vídeo que mostrava a problemática jovem de 24 anos fumando *crack*", dizia a reportagem. Em seguida, a notícia citava uma declaração da gravadora, a Universal Music: "Ela compreendeu, por fim, necessitar de tratamento especializado para continuar sua recuperação do vício em drogas". Nas matérias publicadas por toda a mídia, a fonte da Universal também mencionava que Amy concordara em buscar tratamento após algumas conversas com "a gravadora, os empresários, a família e os médicos". O *The Daily Mirror* anunciou que Amy começara o tratamento no hospital Capio Nightingale. Essa clínica especializada se apresenta em seu site na internet como "o único hospital psiquiátrico independente na região central de Londres que oferece tratamento para vício e dependência em drogas, álcool e problemas psiquiátricos tais como transtornos alimentares, depressão, ansiedade, estresse e trauma". O hospital fica em Lisson Grove, a menos de um quarteirão da estação Marylebone.

Por ela concordar em fazer o tratamento, logo surgiu um ponto de interrogação quanto a cantora poder ou não se apresentar na cerimônia do Grammy Awards em 10 de fevereiro. No dia 5 de fevereiro, ela saiu do hospital para ir à Embaixada dos Estados Unidos e tirar um visto, para comparecer à cerimônia. No dia 7, chegou a notícia de que o pedido de visto por parte de Amy fora recusado pela Embaixada norte-americana. O *Daily Telegraph* citou uma declaração da equipe de publicidade de Amy, comentando a notícia: "Embora desapontada com a decisão (Winehouse), aceitou a determinação [da Embaixada] e pretende se concentrar em sua recuperação. Ela foi bem tratada pelos funcionários da Embaixada americana e agradece a todos pelo apoio. Claro que haverá outras oportunidades para visitar os Estados Unidos num futuro próximo".

No dia seguinte, foi anunciado que a Embaixada dos Estados Unidos havia reconsiderado, e decidira conceder o visto a Amy. Antes, naquela sexta-feira, fora anunciado que ela cantaria ao vivo, via satélite. Apesar da mudança de posição, Amy preferiu não viajar e aparecer via satélite. Seu publicista nos Estados Unidos explicou por quê: "Infelizmente, devido à logística envolvida e a complicações de horários, Amy não irá aos Estados Unidos neste fim de semana para se apresentar na cerimônia do Grammy, em Los Angeles".

Naquela noite de domingo, Amy fez uma devassa nos Grammys, ganhando cinco prêmios: Melhor Artista Nova, Melhor Vocal Feminino, Canção do Ano, Melhor Álbum Vocal Pop e Disco do Ano. Incapaz de comparecer e cantar ao vivo na cerimônia por causa do problema do visto, ela participou via satélite, no Riverside Studios, em Londres. Ela e a banda tocaram "You Know I'm No Good" e "Rehab" – a segunda, sem dúvida, um momento difícil, dada sua situação. A interpretação das duas músicas foi fantástica, e no decorrer da noite, ela foi constantemente ovacionada.

Quando o momento de glória se passou, ela prosseguiu com o tratamento no hospital Capio Nightingale.

***

Em meados de fevereiro, Amy saiu do apartamento em que vivera em Bow, e voltou para Camden, norte de Londres. Seu novo lar ficava numa ruela tranquila. Os paparazzi faziam a ronda da casa, documentando as idas e vindas de Amy e seus amigos mais chegados.

Em 20 de fevereiro, Amy deu um show fantástico na cerimônia do Brit Awards em Earl's Court, Londres. Apesar de indicada como Melhor *Single* Britânico pela participação com Mark Ronson em "Valerie", Amy não levou nenhum prêmio. Cantou, porém, duas faixas – uma versão magnífica de "Valerie" com Ronson e outra de "Love Is A Losing Game".

Em março e abril, corriam rumores de que ela teria começado a trabalhar no terceiro álbum. A *NME* anunciou que as novas canções eram "muito lúgubres", muitas das quais "permeadas pelo tema da morte". Acreditava-se que Amy tinha viagem marcada para as Bahamas, para começar o trabalho do tão esperado novo álbum, mais uma vez trabalhando com o produtor Salaam Remi. Entretanto, as sessões foram canceladas, o que significava que o álbum dificilmente sairia antes de 2009.

Na terceira semana de abril, Amy recebeu a notícia de três indicações para o prêmio Ivor Novello, que seriam anunciadas na cerimônia anual em 20 de maio. De modo muito incomum, ela fora indicada duas vezes na categoria Melhor Canção em Música e Letra – para "Love Is A Losing Game" e "You Know I'm No Good". A terceira indicação, na categoria de Canção Britânica de Maior Venda, trouxe a menção inevitável de "Rehab".

Com a gravação do terceiro álbum aparentemente em fogo lento, veio a notícia de que Amy estava colaborando com Mark Ronson numa possível canção que seria o tema do próximo filme de James Bond, *Quantum Of Solace*. Ronson disse à mídia: "Eles pediram a Amy, e acho que ela disse só aceitar se pudesse trabalhar comigo. Espero, enfim, que dê certo. A demo lembra bem o som dos temas de James Bond, espero. Mas não sei se será usada".

De repente, surgiu outra manchete de crise. Nas primeiras horas de 23 de abril, Amy teria se envolvido numa briga em Camden. *The Daily Mail* trazia a seguinte versão dos fatos: "A cantora premiada parece ter dado um tapa na cabeça de um transeunte que teria chamado um táxi para ela, do lado de fora de um bar em Camden Town, região norte de Londres, na madrugada de quarta-feira, após uma noitada de seis horas no *pub*. Além disso, a desnorteada, que a si mesma assim se define, também teria dado um soco no rosto do músico marroquino Mustapha el Mounmi quando este não lhe deixou usar uma mesa de sinuca no Bar Tok, em Camden. Se for condenada, ela poderá pegar até seis meses de prisão, além de ter de pagar uma multa de £2.000.

Dois dias depois, em 25 de abril, ela se apresentou voluntariamente na delegacia de Holborn, para ser interrogada. Lá, apresentou-se aos detetives. Foi detida durante a noite e liberada na manhã seguinte. *The Daily Telegraph* anunciou o desfecho da aventura nestes termos: "A problemática cantora Amy Winehouse recebeu uma advertência por agressão física após passar a noite em uma cela, numa delegacia na região central de Londres". A declaração formal dos empresários de Amy confirmou os detalhes: "Ela admitiu ter dado um tapa em um homem e aceitou a advertência. Amy cooperou totalmente com o interrogatório e se desculpou pelo incidente. Agradeceu à polícia pelo modo profissional como lidaram com o problema. Nenhuma outra ação será tomada".

Para distraí-la do incidente, o jornal *The Sunday Times* anunciou que publicaria sua lista anual das pessoas mais ricas da Grã-Bretanha, informando que Amy entrara na lista com sua fortuna pessoal de aproximadamente £10 milhões.

Em 27 de abril, o jornal *The News Of the World* trouxe uma entrevista exclusiva com Mitch Winehouse, sob a manchete: "Pai pede que Amy Winehouse seja enquadrada". A matéria afirmava que Mitch acreditava que o único modo de impedir que a filha se matasse com as drogas seria enquadrá-la sob a Lei de Saúde Mental". Ele disse ao jornal que estava explorando todas as opções possíveis. "Agora é hora de exercer a pressão que for necessária para tentar. Disse a eles que ela é um perigo para si mesma. Há evidências de autoflagelo, e ela é um perigo para as outras pessoas também, pois já agrediu outros".

Enfim, chegou o mês de maio, e Amy partiu para a ação, voltando a compor novas canções para seu terceiro álbum. Sob imensa pressão para replicar ou aumentar o sucesso de *Back To Black*, ela está se dando o tempo necessário, certamente preparando mais música do tipo de arrepiar os cabelos.

Discografia

Singles

De *Frank*
Stronger Than Me
com What It Is & Take the Box (The Headquarters mix)
Lançado em outubro de 2003

Take The Box
com Round Midnight & Stronger Than Me (ao vivo)
Lançado em janeiro de 2004

In My Bed/ You Sent Me Flying
com Best Friend (acústico)
Lançado em abril de 2004

Pumps/Help Yourself
com (There Is) No Greater Love (ao vivo)
Lançado em agosto de 2004

De *Back To Black*
Rehab
com Do Me Good & Close To The Front & Rehab (Ded remix)
Lançado em outubro de 2006

You Know I'm No Good
com To Know Him Is To Love Him (ao vivo) & Monkey Man & You Know I'm No Good (com Ghostface Killah) & You Know I'm No Good (Skeewiff mix)
Lançado em janeiro de 2007

Back To Black
com Valerie & Hey Little Rich Girl
Lançado em abril de 2007

Tears Dry On Their Own
com You're Wondering Now & Tears Dry On Their Own (Alix Alvarez SOLE Channel Mix) & Tears Dry On Their Own (Al Usher Remix)
Lançado em agosto de 2007

Love Is A Losing Game
com Love Is A Losing Game (Kardinal Beats mix)

Dezembro de 2007

Com Mark Ronson
Valerie
Lançado em outubro de 2007

ÁLBUNS

Frank
Stronger Than Me (Jazz Intro), You Send Me Flying (Cherry), Know You Now, Fuck Me Pumps, I Heard Love Is Blind, Moody's Mood For Love (Teo Licks), (There Is) No Greater Love, In My Bed, Take The Box, October Song, What Is It About Men, Help Yourself, Amy Amy Amy (Outro)
Lançado em outubro de 2003

Back To Black
Rehab, You Know I'm No Good, Me & Mr Jones (Fuckery), Just Friends, Back To Black, Love Is A Losing Game, Tears Dry On Their Own, Wake Up Alone, Some Unholy War, He Can Only Hold Her, Addicted
Lançado em outubro de 2006

Back To Black Deluxe Edition
Rehab, You Know I'm No Good, Me & Mr Jones (Fuckery), Just Friends, Back To Black, Love Is A Losing Game, Tears Dry On Their Own, Wake Up Alone, Some Unholy War
He Can Only Hold Her, Addicted, Bonus Tracks: Valerie, Cupid, Monkey Man, To Know Him Is To Love Him, Hey Little Rich Girl, You're Wondering Now, Some Unholy War, Love Is A Losing Game (demo original)
Lançado em novembro de 2007

Version (Mark Ronson)
Valerie
Lançado em abril de 2007

REMIXES

Frank remixes
12 maxi *singles*
Fuck Me Pumps – Mylo Remix, Fuck Me Pumps – MJ Cole Remix, Stronger Than Me – Harmonic 33 Remix, In My Bed – Bugz In The Attic Vocal Mix, In My Bed – Bugz In The Attic Dub. Take The Box – Seiji's Buggin Mix, Take The Box – Seiji's Buggin Rub
Lançado em julho de 2007

DVD

I Told You I Was Trouble Live In London
Addicted, Just Friends, Cherry, Back To Black, Wake Up Alone, Tears Dry On Their Own, He Can Only Hold Her, Fuck Me Pumps, Some Unholy War, Love Is A Losing Game, Valerie, Hey Little Rich Girl, Rehab, You Know I'm No Good, Me & Mr Jones, Monkey Man, Outro
Lançado em novembro de 2007

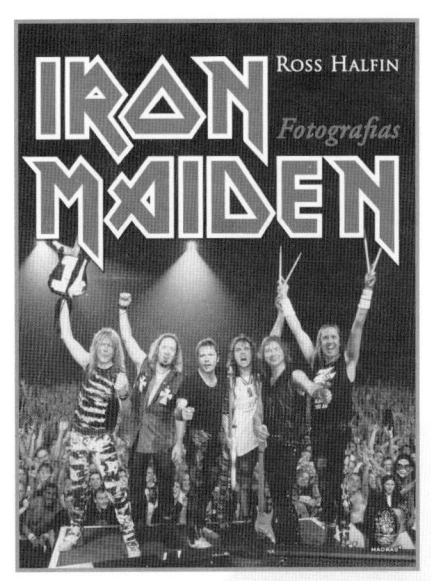

Iron Maiden – Fotografias

Nenhum fotógrafo no mundo tirou mais – ou melhores – fotos do Iron Maiden do que Ross Halfin. Tendo trabalhado com o grupo desde o início, no fim dos anos 1970, ele participou da revolução que levou o Maiden a conquistar o mundo como expoentes da Nova Onda do Heavy Metal Britânico.

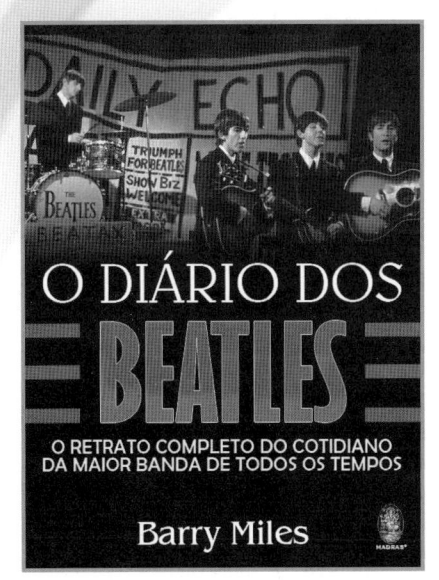

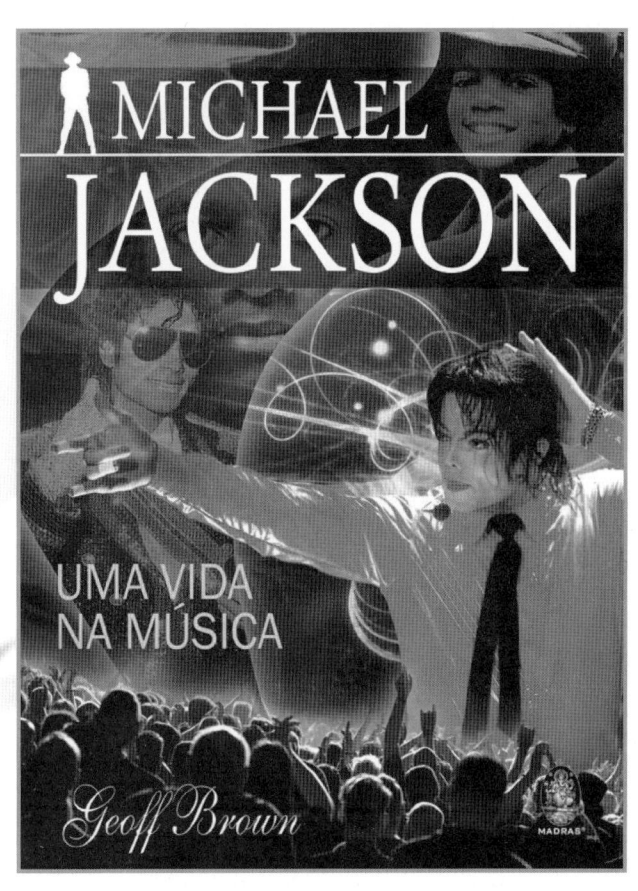

Michael Jackson
Uma Vida na Música

Além de um guia completo para fãs das músicas de Michael Jackson, esse livro é uma visão geral e definitiva da carreira singular do inesquecível rei do pop.

O Diário dos Beatles

O Diário dos Beatles é uma obra completa, com a biografia dos músicos e diversas fotos dessa banda inesquecível.

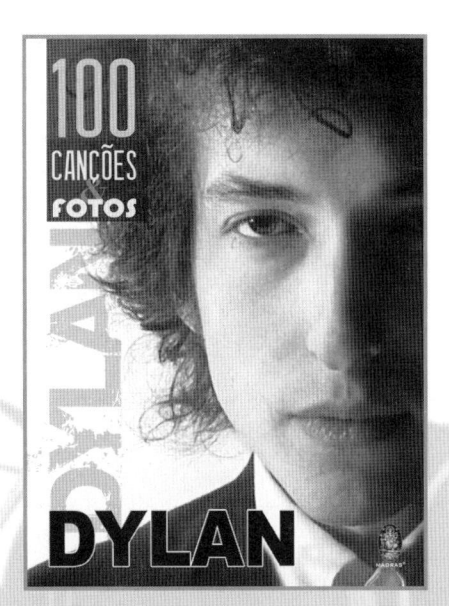

Dylan – 100 Canções e Fotos

"De maneira nenhuma escrevi estas canções em um estado meditativo, mas, sim, em um estado de transe, hipnótico. É assim que me sinto! Por que me sinto assim? E quem é este eu que se sente assim? Também não sabedoria dizer... Mas sei que essas canções estão nos meus genes, e eu não tinha como impedir que se expressassem." Essas são as palavras de Bob Dylan na introdução desse álbum que traz a letra e a partitura de suas principais obras.

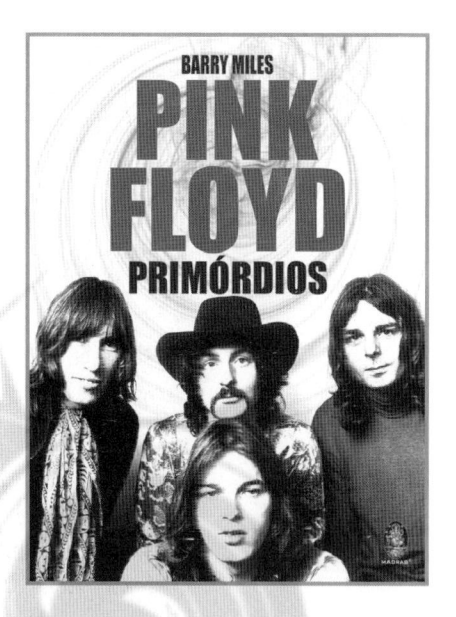

Pink Floyd – Primórdios

Um relato revelador do início da carreira do Pink Floyd, de suas raízes em Cambridge ao status de culto na Londres dos anos 1960. Um retrato detalhado de um grupo lendário em sua ascensão.

Lady Gaga

Da assinatura do acordo com a Streamline Records em 2007 ao ganho de dois Grammys até o momento, Lady Gaga abalou a cena do entretenimento mundial com seu estilo inimitável e capturou a imaginação de milhões de pessoas. Esta é uma biografia sem censuras, completa, com 30 das melhores e mais extravagantes fotos da estrela.

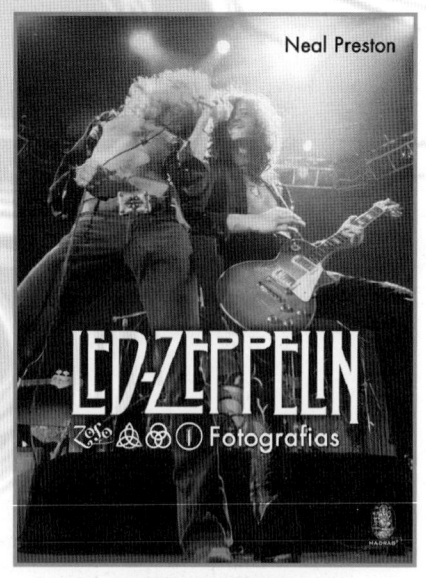

Led Zeppelin

Um registro fotográfico espetacular do Led Zeppelin em seu auge! Ninguém capturou o romance e a mística do Led Zeppelin em fotos com mais sucesso do que o fotógrafo americano Neal Preston.

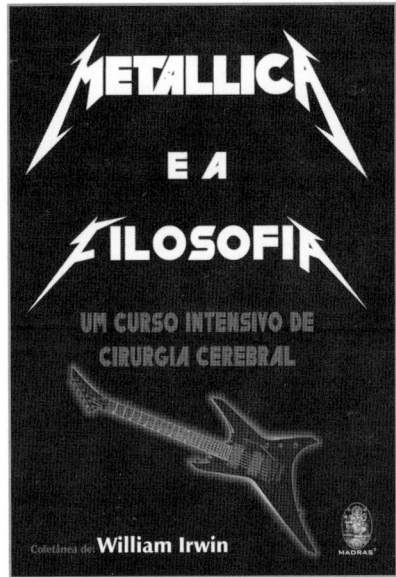

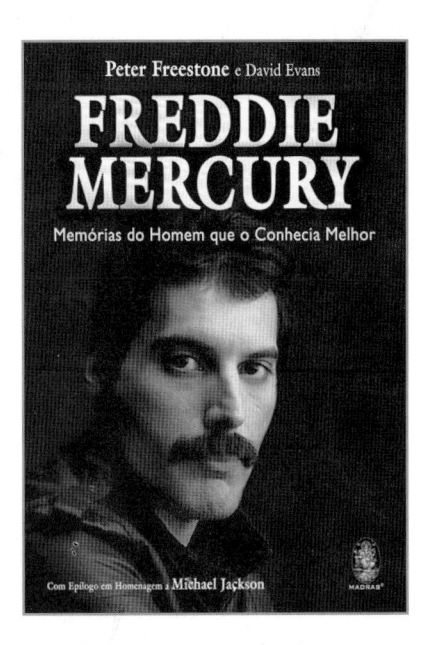

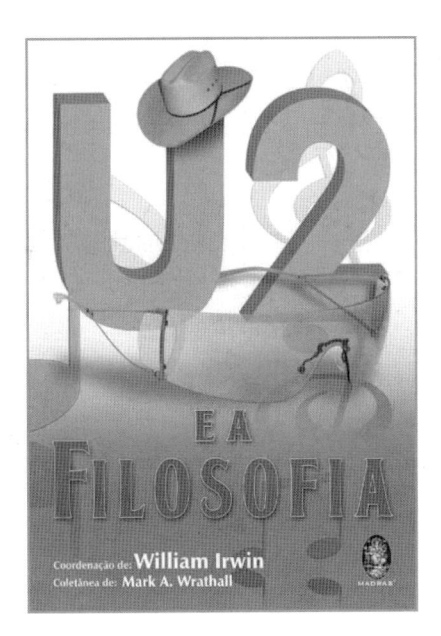

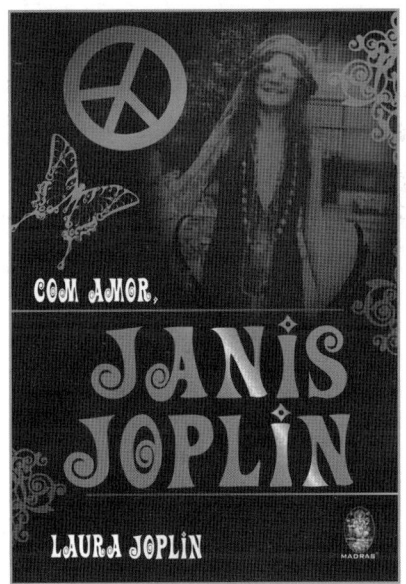

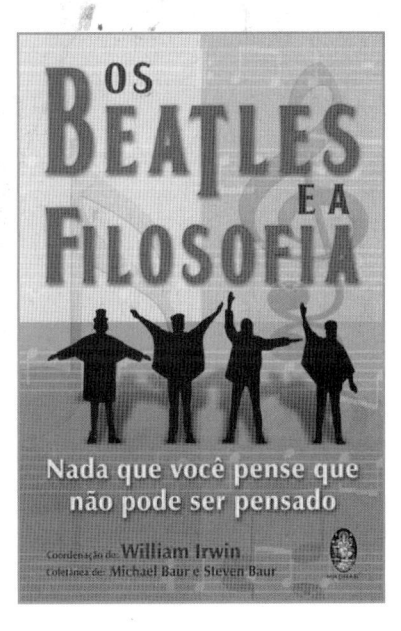

Este livro foi composto em Times New Roman, corpo 15/17.
Papel Couche 115g
Impressão e Acabamento
Neo Graf — Rua Javaés, 689 — Bom Retiro — São Paulo/SP
CEP 01130-010 — Tel.: (011) 3333-4221 — Fax.: (011) 3333-4221
— atendimento@neograf.net

MADRAS® Editora

CADASTRO/MALA DIRETA

Envie este cadastro preenchido e passará a receber informações dos nossos lançamentos, nas áreas que determinar.

Nome _____

RG _____ CPF _____

Endereço Residencial _____

Bairro _____ Cidade _____ Estado _____

CEP _____ Fone _____

E-mail _____

Sexo ❏ Fem. ❏ Masc.   Nascimento _____

Profissão _____ Escolaridade (Nível/Curso) _____

Você compra livros:

❏ livrarias   ❏ feiras   ❏ telefone   ❏ Sedex livro (reembolso postal mais rápido)
❏ outros: _____

Quais os tipos de literatura que você lê:

❏ Jurídicos   ❏ Pedagogia   ❏ Business   ❏ Romances/espíritas
❏ Esoterismo   ❏ Psicologia   ❏ Saúde   ❏ Espíritas/doutrinas
❏ Bruxaria   ❏ Autoajuda   ❏ Maçonaria   ❏ Outros:

Qual a sua opinião a respeito desta obra? _____
_____

Indique amigos que gostariam de receber MALA DIRETA:

Nome _____

Endereço Residencial _____

Bairro _____ Cidade _____ CEP _____

Nome do livro adquirido: **_Amy, Amy, Amy A História de Amy Winehouse_**

Para receber catálogos, lista de preços e outras informações, escreva para:

MADRAS EDITORA LTDA.
Rua Paulo Gonçalves, 88 – Santana – 02403-020 – São Paulo/SP
Caixa Postal 12183 – CEP 02013-970 – SP
Tel.: (11) 2281-5555 – Fax.:(11) 2959-3090
www.madras.com.br